HüttenZauber

IN DER PFALZ

ALLE WANDERHÜTTEN IM ÜBERBLICK

W0304298

Teil I

Zwischen
Weinstraße
und Pfälzerwald

ISBN-Nr. 3-937329-00-5

höma
VERLAG

ISBN-Nr. 3-937329-00-5

höma
VERLAG
Im Schlangengarten 56
76877 Offenbach
Tel. 06348/959391
Fax: 06348/959392
EMail: info@hoema-verlag.de

Texte:
Uschi Kreutz

Redaktionelle Mitarbeit:
Dieter Hörner
Karin Hechler

Titelbild:
Gerhard Steinmetz

Fotos:
Uschi Kreutz
Karl-Heinz Schmeckenbecher
Bernd Satter
Dieter Hörner
Gerhard Steinmetz
und aus Privatbesitz

Layout und Gestaltung:
Alexander Gaedicke
Gaedicke Graphics, Landau

Druck:
NINODRUCK GmbH
67435 Neustadt an der Weinstraße

VORWORT

Achtung : Das ist kein Wanderführer, sondern ein Wegweiser zu allen Hütten im Bereich der Weinstrasse und des vorderen Pfälzerwaldes (westlich bei Elmstein begrenzt) - zu den schönen und den weniger schönen, zu denen der Naturfreunde, den Pfälzerwaldvereins-Hütten und anderen Vereinshütten. Ein Anspruch auf absolute Vollständigkeit wird dabei ausdrücklich erhoben !

Zunächst war die Frage zu klären, was ist eine Hütte und was nicht ? Ist eine pensionsartige Herberge (wie viele Naturfreundehäuser) noch eine Hütte im eigentlichen Sinn ? Nun, ich habe alle die erfasst, die im Wanderbereich liegen und die bei Selbstbedienung eine preiswerte Einkehr bieten. Reine Gaststättenbetriebe habe ich ausser Acht gelassen und die Schützenbrüder, die Angel- und Kaninchenzuchtvereine mögen mir nachsehen, dass auch ihre zeitweise bewirtschafteten Vereinsheime nicht genannt sind - diese sind in den meisten Fällen nur für die Mitglieder gedacht und Fremde würden sich fremd fühlen. Es gibt aber auch einen Fall, wo sich im Bereich der Südlichen Weinstrasse eine von der Dorfgemeinschaft unterhaltene ganz urig-knuffelige Hütte befindet, die sich sich auch bei fremden Gästen grosser Beliebtheit erfreut, die aber zu meinem grossen Jammer partout nicht genannt werden wollte. Muss man respektieren.

Die Wanderlust, liebe Leser, hält sich bei mir in Grenzen - sie ist mir vielmehr Mittel zum Zweck: in die wunderbaren Wanderhütten zu gelangen, wo man ach so viele Stunden in geselliger Runde verbringen kann. Wie sagte schon der alte Demokrit (4oo v.Chr.) „Ein Leben ohne Freude ist wie eine Wanderung ohne Wirtshaus". Obwohl es sich oftmals anbietet, an einem Tag mehrere nahe beieinander liegende Hütten anzusteuern, wird es Ihnen bestimmt auch so ergehen, dass man bei netten Gesprächen in einer saugemütlichen Hütte einfach „kleben" bleibt. Sei's drum.

In den Fällen, wo die Häuser nicht durch Pächter oder Angestellte des Vereins betrieben werden, ist vonseiten der einzelnen Vereinsmitglieder ein ständiges, ehrenamtliches Engagement aufzubringen, damit die Hütten für durstige und hungrige Wanderer bewirtschaftet werden können. Die aufgewendeten Stunden sind kaum aufzuzählen und da es in den meisten Fällen an Nachwuchskräften mangelt, sind es die „Alten" (als Mitt-Sechzigerin darf ich das so respektlos sagen), die die Tradition hochhalten. Siebzigjährige Hüttler anzutreffen, ist keine Seltenheit. Seien Sie also nicht ungeduldig, wenn es am Tresen nicht so schnell geht wie in einem Fast-Food-Restaurant, dafür ist ein nettes Wort oder ein Späßchen immer drin und das bedeutet mehr als eine flotte, anonyme Abfertigung - oder? Wenngleich oftmals beachtliche Qualitäten aufgetischt werden, so beschränkt sich das Speiseangebot doch meist auf einfache Hüttenkost - erwarten Sie also keine raffinierten Zubereitungen. Dass, was angeboten wird, ist einfach, schmackhaft und vor allen Dingen preiswert.

Jeder Verein ist für Hilfe dankbar - vielleicht haben Sie auch einmal Lust, in Ihrer Lieblingshütte auszuhelfen? Sprechen Sie die Leute einfach an - man freut sich über jeden Freiwilligen, und ich kann Ihnen versichern, dass Sie nach einem Wochenende Knochen spüren, von deren Existenz Sie bislang keine Ahnung hatten. Was die genannten Öffnungszeiten und die Veranstaltungs-Termine anbetrifft, so können diese wegen des genannten „Personalmangels" variieren. Am besten rufen Sie vorher an, wenn Sie sicher gehen wollen, nicht vor geschlossener Pforte zu stehen. Die Schließungszeiten hält man in den meisten Fällen locker, einfach bis kein Gast mehr da ist oder bis Einbruch der Dunkelheit. Generell ist keine Hütte ein Abendbetrieb, ausser vielleicht bei privaten Firmen- oder Familienfeiern.

Die erwähnten Anwandermöglichkeiten sind nur eine Auswahl, alle Hütten sind über verschiedene Wege zu erreichen. Eine gute Wanderkarte ist absolut hilfreich und oftmals auch erforderlich. Einen Überblick, wo sich die PWV-Hütten und die Naturfreundehäuser lagenmässig befinden, kann man sich in der Radwander- und Freizeitkarte „Die Pfalz" 1:125.000, ncWA-Verlag, ISBN 3-9806897-0-0, verschaffen - solange diese noch im Handel ist. Ansonsten sei auf die Topographischen Wanderkarten hingewiesen, die häufig auch in den Hütten verkauft werden.

Im Anhang finden Sie eine Auflistung der Öffnungszeiten und andere wichtige Informationen. Bei der Gelegenheit möchte ich darauf hinweisen, dass die Bücher HüttenZauber I, II + III alle paar Jahre wechselweise aktualisiert werden - und hier bin ich auf die Informationen der Betreiber angewiesen, die bei einer Neuauflage angeschrieben werden. Leider ist es so, dass ich nicht immer Rückantworten bekomme und dann regelrecht im Regen stehe. Deshalb nochmals gesagt: Rufen Sie auf der Hütte an, wenn Sie einen Besuch starten wollen - oder informieren Sie sich übers Internet, wobei zu hoffen bleibt, dass die Angaben hierin aktuell sind.

Zum Schluss möchte ich mich bei den vielen Hüttenleuten bedanken, die mir so nette Auskünfte gegeben haben, mich mit Chroniken versorgt und mich hinter die Kulissen haben schauen lassen. Dank sage ich auch meinem lieben Ehemann Peter, der mich auf die meisten Touren begleitet, mit mir so manchen Berg erklommen, so manche Hütte gestürmt - und bei Gott so manchen Schoppen geleert hat........

Ihnen, verehrte Leserschaft, wünsche ich bei den Hüttenbesuchen so viel Spaß, wie ich es bei den Recherchen hatte. Und wenn Ludwig Ganghofer einst über die Berchtesgadener Region sagte „Herr, wen du lieb hast, lässt du fallen in dieses Land", so hat er sicherlich „die Palz net gekennt".

In diesem Sinne
Herzlichst Ihre Uschi Kreuz

Sollten Sie Fragen oder Anregungen haben, so erreichen Sie mich Do - So in meiner Weinstube „Zur Blume", 67483 Edesheim, Ludwigstrasse 100, Tel. 06323 - 3584, oder über meine Internetseite www.Lindenbornhof.de

Inhaltsangabe

Hüttenname	Seite	Öffnungszeiten regulär									zusätzl. Öffnungszeiten	
		Montag	Dienstag	Mittwoch	Donnerstag	Freitag	Samstag	Sonntag	Feiertage	Saisonale Zusatztage	Osterferien (RP)	Sommerferien (RP)
01 Rahnenhof	12	●	●	●	●	●	●	●	●		●	●
02 Weisenheimer Hütte	16							●	●			
03 Hütte in der Weilach	20						●	●	●			
04 Gross Eppental	24	●	Sommer	●	●	●	●	●	●		●	●
05 Oppauer Haus	28		●	●	●	●	●	●	●		●	●
06 Lambertskreuz-Hütte	32		●	●	●	●	●	●	●		●	●
07 Eckkopfhütte	36						●	●	●			
08 Deidesheimer Hütte	40			●	●	a.A	●	●	●		●	●
09 Schwarzsohl	44			a.A.			●	●	●			
10 Lichtensteinhütte	48			●			●	●	●			
11 Elmstein-Harzofen	52	●	●	●	●	●	●	●	●		●	●
12 Wolfsschluchthütte	56			●			●	●	●			
13 Weinbiet-Haus	60	●	●	●	●		●	●	●		●	●
14 Spangenberg	64						●	●	●			
15 Heidenbrunner Tal	68	a.A	a.A	●	●	●	●	●	●	●	●	●
16 Kaltenbrunner Haus	72	●	●	●		Sommer	●	●	●	●	●	●
17 Hellerplatz-Haus	76						●	●	●			●
18 Hohe Loog-Haus	80			●			●	●	●			●
19 Kohlbachtal	84	Juli August	Juli August	Sept. Oktober	Juli August	Juli August	●	●	●	●		●
20 Totenkopf-Hütte	88						●	●	●			●
21 Kalmit Haus	92						●	●	●	●		
22 Zeter Berghaus	96						●	●	●	●		●
23 Rasth. a. d. Fichten	100			●	●	●	●	●	●		●	

zusätzliche Öffnungszeiten							Veranstaltungen					Informationen				
Herbstferien (RP)	24.12. bis Mittag	25.12.	26.12.	zw. Weihnachten u. Neujahr	Silvester	Neujahr	Fasching	Schlachtfest	Hütten- / Waldfeste	Jahreswechsel	Hüttenmusik	Mit PKW erreichbar	Übernachtung möglich	Hunde innen nicht erlaubt	Privat anmietbar	Rollstuhlgerecht
●		●	●	●	●	●						●	●			●
														●		
												●				
●			●	●	●	a.A.						●	●			●
●	●		a.A.	●		a.A.			●			●	●			
●			●			●	●	●			●					
			a.A.	a.A.	a.A.	a.A.										
●			●	●	●		●		●	a.A.						●
					●		●		●	●		●			●	●
			●			●		●				●	●		●	●
●	●	●	●	●	●	●	●		●	●		●	●			●
				1 Tag								●			●	●
●			●	●		●			●		●					
									●							
●			●	●	●	●			a.A.	a.A.		●	●			●
●			a.A.	●	a.A.	●						●	●			a.A.
			●			●		●	●					●		
●			●			●	●		●						●	●
				●	●	●			●			●	●		●	●
●												●				●
			●		●	●				●		●				●
●		a.A.	a.A.		●	●			●	●						
	●		●			●	●	●	a.A.			●				●

Hüttenname	Seite	Öffnungszeiten regulär									zusätzl. Öffnungszeiten	
		Montag	Dienstag	Mittwoch	Donnerstag	Freitag	Samstag	Sonntag	Feiertage	Saisonale Zusatztage	Osterferien (RP)	Sommerferien (RP)
24 Friedensdenkmal	104	●	●	●	●	●	●	●	●	●	●	●
25 Sauermilchtälchen	108		●	●	●	●	●	●	●		●	●
26 Hüttenbrunnen	112	●	August-Oktober	●	●	●	●	●	●		●	●
27 Forsthaus Heldenstein	116		●	●	●	●	●	●	●		●	●
28 Siebeldinger Hütte	120							●	●			
29 Walsheimer Hütte	124							●	●			
30 Böchinger Hütte	128							●	●			
31 Ramburg-Schenke	132						●	●	●	●		●
32 Waldhaus 3 Buchen	136			●	●	●	●	●	●	●	●	●
33 Amicitia Hütte	140						●	●	●			
34 Nello Hütte	144							●	●			
35 Rietania-Hütte	148			●	April-Oktober	April-Oktober	●	●	April-Oktober	●		
36 Schweizer Haus	152							●	●	●		
37 Landauer Hütte	156						●	●	●			●
38 Anna-Hütte	160		Juli+August	●			Juli-Oktober	●	●	●		
39 Dernbacher Haus	164		●	●	●	●	●	●	●		●	●
40 Trifelsblick-Hütte	168		Juli+August				●	●	●	●		
41 Ringelsberghütte	172							●	●	●	a.A.	a.A.
42 Kiesbuckel	176						●	●	●			
43 Jungpfalz-Hütte	180						●	●				
44 NFH Annweiler	184	●		●	●	●	●	●	●		●	●
45 Kletterhütte Asselstein	192		April-Oktober	●	●	●	●	●	●	●	●	●
46 Kolping-Hütte	196							●	●			

zusätzliche Öffnungszeiten							Veranstaltungen					Informationen				
Herbstferien (RP)	24.12 bis Mittag	25.12	26.12.	zw. Weihnachten u. Neujahr	Silvester	Neujahr	Fasching	Schlachtfest	Hütten- / Waldfeste	Jahreswechsel	Hüttenmusik	Mit PKW erreichbar	Übernachtung möglich	Hunde innen nicht erlaubt	Privat anmietbar	Rollstuhl gerecht
●			a.A.	●	●	a.A.				●		●				●
●				●	●		●	●	●	●		●	●			●
●		●	●		●	●		●		●		●	●			●
●			a.A.	a.A.	a.A.	a.A.						●	FEWO ●			●
			●						a.A.							
									●							
								●				a.A.				a.A.
●			●	●	a.A.	●			●							●
●		a.A.	a.A.	●	●	●						●				●
								●	●						a.A.	●
									●							
									●			●				●
						●										
●			●		●	a.A.	●		●		●					
			●		●	a.A.	●	●								
●			a.A.	●	a.A.		●		●	a.A.	●	●				●
							●	●								
a.A.				1 Tag		a.A.		●	●						●	
			a.A.			●					●		●			
		a.A.	a.A.		a.A.	a.A.							●	●		
●			a.A.	●	a.A.	a.A.			●	a.A.		●	●			●
●			●	●	●			●	●			●				●
														●		

Rahnenhof 1

Mit keinem Stein ist der alte Rahnenhof mehr erkennbar - nur der Name erinnert an die einstigen Besitzer des Waldbauernhofes am Ende der Hertlinger Frauentales. 1920 wechselte der Hof den Besitzer und ging ins Eigentum der Naturfreundebewegung über. Seit dem wurde an Haus, Hof und Gelände unermüdlich gebaut, verbessert, vergrössert, zugekauft und wieder gebaut und aufgestockt - bis daraus die überaus stattliche Anlage wurde, die wir heute erblicken.

Drei Kilometer westlich von Altleiningen liegt die flächenmässig grösste Dorfsiedlung der Pfalz: Carlsberg, die sich auf 4 km Länge über flachem Bergrücken hinzieht. Nach Eingemeindung ist Hertlinghausen mit Carlsberg zusammen gewachsen. Unzählige Wandermöglichkeiten berühren den in idyllischer Waldlage gelegenen Rahnenhof; ausser den eigens erschlossenen Wanderwegen von Naturfreundehaus-zu-Naturfreundehaus locken Pfade mit klangvollen Namen, wie Mühlen-, Kneipp- oder Leininger Wanderweg.

Das Haus hat sich in den über 90 Jahren seines Bestehens zu einer gemütlichen Einkehr und Erholungsstätte entwickelt, die das ganze Jahr fast rund um die Uhr geöffnet hat. Die komfortablen Gästezimmer mit Dusche + WC, teilweise mit Balkon und Telefon, erinnern in keiner Weise mehr an die Hüttennächte der Anfangsjahre auf Strohsäcken und Holzpritschen die Preise im übrigen auch nicht, wie auch ? Bevorzugt werden Familien mit Kindern aufgenommen, die ausser in den Spielzimmern auch auf dem Abenteuerspielplatz ihr eigenes Reich haben. Entsprechend sind die Räume von fröhlichem Kinderlachen erfüllt. Den Erwachsenen stehen derweil Minigolfplatz, Kegelbahn, Sauna, Sonnenbank, Billardtisch und eine Kellerbar zur Verfügung. Der grosse Schwenkgrill im Garten vor dem Haus wird in den Sommermonaten einmal wöchentlich angeworfen und zwischendurch kann man ihn benutzen, so oft mal möchte.

Wer nicht Hausgast mit Vollpension ist, sondern den Rahnenhof auf seiner Wandertour zur gemütlichen Rast aufsucht, hat auf fast 40 verwirrenden Seiten Auswahl aus Küche und Keller - der Speisekarte kann man auch die ausführliche Hauschronik entnehmen. Die Feriengäste haben eigene Speisesäle, die Räume für die Tagesbesucher sind grosszügig und ansprechend. Am liebsten wird man wohl den kleinen, vorderen Gastraum aufsuchen, der vor ein paar Jahren renoviert und mit hellen Fichtenhölzern im alpenländischen Stil geschmackvoll eingerichtet wurde. Das warme Rot-Gold der Bepolsterung und die passenden Gardinen unterstreichen die Optik wohltuend.

Selbstbedienung ist angesagt. Etwas qualvoll finde ich das lange Anstehen an dem kleinen Schalter. Hier wird von einem einzigen Mitarbeiter Kaffee ausgeschänkt; Cappuccino oder Tee bereitet, Kuchen angeboten und auf Tellern balanciert - Sahne dazu oder extra ? - Bestellungen von kalten und warmen Speisen entgegengenommen, notiert und an die Küche weitergeleitet, kassiert; das hergerichtete Essen aufgerufen und ausgegeben .... und sonstige Fragen beantwortet. Derweil ist die grosse Theke nebenan ausschliesslich zum Ausschank der Kaltgetränke gedacht und

wird nur nach Klingelzeichen besetzt. Hier eine Umstrukturierung vorzunehmen, wäre sicher nicht das verkehrteste.

Ein so grosses Haus erfordert eine wohldurchdachte Organisation, damit alle Gäste gleichermassen zufriedengestellt werden und hier kann nur Lob an die Verantwortlichen ausgesprochen werden.

Rahnenhof 1

Telefon	06356 - 96 25 00 www.naturfreundehaus-rahnenhof.de
Höhe	295 m
Eigentümer	Naturfreunde Frankenthal Vorsitzende Inge Fischer
Öffnungszeiten	Täglich ab 9.00 Uhr
Geschlossen	Am Nachmittag des 23.12., 24.12. ganztägig
Veranstaltungen	Nachtwanderung (Termin erfragen)
Sitzplätze	innen 300, außen 150
Übernachtung	ja
Spielplatz	ja
Hunde innen erlaubt	ja
Privat anmietbar	entfällt
Mit PKW erreichbar	ja
Rollstuhlgerecht	ja (Eingangstreppe)
Andere Wanderhütten in der Nähe	** Waldhaus Schwefelberg ** Weinwanderhütte Grünstadt - beide in Band III beschrieben -
Erreichbarkeit	BAB Richtung Kaiserslautern, ab Frankenthaler Kreuz Ausfahrt Wattenheim. Richtung Carlsberg. NFH ausgeschildert.
Topographische Wanderkarte	Mittel- und Unterhaardt mit Bad Dürkheim und Leininger Land

Weisenheimer Hütte

2

Hoppla - habe ich mich etwa verlaufen ? Unterwegs sind sie mir schon aufgefallen, die Reiter auf kräftigen Gäulen in derbem Outfit und verbeulten Cowboyhüten, die ich nun vor der Weisenheimer Hütte in grösserer Zahl wieder treffe. Die Pferde, nach Westernmanier draussen am Balken angebunden, bewegen sich ihre Besitzer auf die Hütte zu. Ich hinterher und frage am Tresen nach dem Chef vom Dienst. „Augenblick" heisst es, „Karl May kommt gleich........" Jetzt brauche ich erst einmal ein Bier, bevor ich mich mit dem seinerzeitigen Hüttenwart Herrn May unterhalte.

Die absolute Attraktion der Hütte ist eindeutig die idyllische Lage am verwunschenen Ungeheuer See, einem unter Naturschutz stehenden Kleinod im Pfälzerwald. Nein - ein Ungeheuer verbirgt sich nicht in den dunklen Tiefen der einstigen Viehtränke, keine pfälzische Nessie erschreckt die Ausflügler. Die Namensgebung erklärt sich einfach: Die umliegenden Gemeinden waren jahrhundertelang auf Weiden im Wald und das dort vorhandene Wasser angewiesen. Dazu brauchte man, weil die Waldweide weit vom Dorf entfernt lag, einen mit Stangen umsäumten Ruheplatz -

einen Unger. Umzäunte man aber das Waldstück, so war das ein Heyer. Beides zusammen bildete dann einen Ungeheyer. Zum nunmehrigen Ungeheuer ist es nur ein kurzer Weg.

Der See wird 1599 urkundlich das erste Mal erwähnt und entstand durch Aufstauen von Quellen, heute wird er durch Oberflächenwasser gespeist. Der Wasserstand ist damit vom Jahresniederschlag abhängig, in trockenen Jahren ist der See fast ausgedörrt und dann besteht Gefahr, dass durch das Betreten der Uferzonen grössere Schäden entstehen. Die Pflege des Naturdenkmals wird in vorbildlicher Weise durch die Mitglieder des PWVs durchgeführt. Das flache, dunkle Gewässer ist bekannt für seine schwimmenden Inseln, auf denen seltene Pflanzen gedeihen, Tiere Schutz finden, und ist das einzige Hochmoor in der Pfalz.

Besticht der See durch die von ihm ausgehende Ruhe, so ist es mit der allerdings vorbei, wenn am Sonntag die Hütte öffnet und die (natur)durstigen Wanderer einfallen. Dann sind die über 300 Sitzplätze am See ruck-zuck besetzt, die kleine Terrasse überfüllt und die Bänke am Ufer belagert. Von vielen Seiten wird die kleine Hütte angewandert; ein besonders genussreicher Weg führt vom Parkplatz „Lindemannsruh" hierhin. Auf dem Rückmarsch kann noch im gleichnamigen Forsthaus eingekehrt oder der etwas oberhalb vom Parkplatz stehende mächtige Bismarckturm bestiegen werden. Dort ist am Sonntag auch ein kleiner Kiosk mit Snacks und Erfrischungen geöffnet.

Die Weisenheimer Hütte selbst ist aussen und innen in Holzbauweise erstellt und blickt auf etwas mehr als 40 Lebensjahre zurück, in denen sich Wanderer unter ihrem Dach wohl fühlen und sich stärken können. Das Angebot der Hüttenleute ist bescheiden: Käsewürfel, heisse Wurst, belegte Brote und Kuchen. Die Bewirtschaftungszeit beschränkt sich auf die Sonntage und die meisten der Jahresfeiertage. An allen vier Adventssonntagen bleibt die Hütte wegen Betriebsruhe geschlossen, nur die Vorhütte wird vom Weinlieferanten bewirtschaftet. Einen Glühwein werden Sie nach einer Winterwanderung also allemal geniessen können. Feste werden keine gefeiert, wohl aber wird eine zünftige Nachtwanderung durchgeführt mit anschliessendem Hüttenzauber und Musik. Termine stehen im Internet, ebenso wie andere, vereinsinterne Aktivitäten, zu denen man aber auch gern fremde Gäste begrüsst. Fragen Sie aber, ob Sie Ihren Hund zu Wanderungen mitbringen dürfen !

Den Vierbeiner darf man auch nicht mit in die Hütte nehmen, was ob der Enge (leicht) verständlich ist. Das Häuschen ist klein und hat mal gerade die Ausmasse einer besseren Doppelgarage. Durch die Erstellung eines Nebengelasses sind noch ein paar Plätze mehr hinzu gekommen. Die Hütte ist nett und freundlich möbliert, allerdings eignen sich die Bänke nur für „schlanke Popos". Arg eng sitzt man beieinander, denn trotz der geringen Quadratmeterzahl passen 70 Gäste in die beiden ineinander gehenden Räume und in den Vorraum zur Küche hinter dem starken Fachwerkgebälk, das in seiner Dimension auch einem sehr viel grösseren Raum zur Ehre gereichen würde. Alles in allem: Ein überaus lohnenden Wanderziel, auch im Winter, wenn die Hütte von Anfang Dezember bis Mitte März eine Ruhepause einlegt - und denken Sie an den Glühwein in der Vorhütte.

Weisenheimer Hütte 2

Höhe	358 m
Eigentümer	PWV Weisenheim www.pwv-weisenheim.de Vorsitzender Michael Liebert, Tel. 06353-6252
Öffnungszeiten	So + Fei 10.00-18.00 Uhr, im Winter bis 17.00 Uhr, Zusätzlich Alle Adventsonntage ist die Vorhütte durch Winzerbetrieb bewirtschaftet
Veranstaltungen	Verschiedene mit wechselnden Daten, bitte dem Internet entnehmen.
Geschlossen	Mitte November – Mitte März
Sitzplätze	innen 70, außen 300
Übernachtung	nein
Spielplatz	nein
Hunde innen erlaubt	nein
Privat anmietbar	nein
Mit PKW erreichbar	nein
Rollstuhlgerecht	nein, nicht anfahrbar
Andere Wanderhütten in der Nähe	Hütte i.d. Weilach
Erreichbarkeit	Bad-Dürkheim-Leistadt Ri. Neuleiningen. Kurz vor Battenberg links auf Parkplatz (Wandertafeln), 5 km am Bach entlang.
Topographische Wanderkarte	Bad Dürkheim und Umgebung

Hütte in der Weilach

3

„Am besten gehen Sie zum Dürkheimer Bahnhof, da hängt eine Wandertafel auf der der Weg zu uns eingezeichnet ist............" Hä ?

Als ich vor vielen Jahren erstmals die Hütte in der Weilach besuchen wollte, erhielt ich von der freundlichen Hüttenfrau telefonisch diese Auskunft. Nun, das kann man wahrhaft einfacher haben und sich die 5 km vom Bahnhof bis zum Parkplatz am ehemaligen Forsthaus Weilach sparen. Von hier aus führt nicht nur ein ebener Weg zur 400 m entfernten Hütte, sondern es locken auch mehrere lohnendere Spazierwege als der vom Bahnhof hierher. Ein kleiner Rundweg zu den Überresten des Weilacher Hofes sollten Sie sich auf jeden Fall gönnen. Zwischen Peterskopf und Teufelsstein liegt am Ende des Gaistales die 1381 als Weilacher Hof im Besitz der Leininger Grafen urkundlich erwähnte Hofanlage, die um 1280 erbaut und ursprünglich zum Pfeffinger Lehen der Grafen von Homburg gehörte. Da der Hof in einer Gegend mit feuchten Lachen und vielen Weidenbäumen gebaut wurde, erhielt er diesen Namen. Der Hof wurde anfänglich von

Verwaltern für die Leininger bewirtschaftet und ab 1490 für 300 Jahre verpachtet. Von einer Räuberbande wurde die Hofanlage 1790 überfallen und niedergebrannt und ist seitdem eine Ruine, die lange Jahre als Steinbruch diente. Heute findet man nur noch ein paar Mauerreste, teilweise versteckt unter Gestrüpp, aber man kann die Ausmasse der Anlage noch erahnen. Aufgeklärt wurde die Tat im übrigen durch die Hoftochter, die sich in einer Hundehütte versteckt hatte, die Räuber erkannte und verriet.

Der Weg durch das Hochtal bringt uns von dort zur Wanderhütte, die gastliche Einkehr schon von aussen verspricht. Eine Anlage aus mehreren Gebäudeteilen, gleich einem kleinen Bauernhof, einladend, und mit einem Jägerzaun versehen, hätte man hier im Wald nicht vermutet. Nach dem 2. Weltkrieg als sog. Schwedenspende für Bedürftige erbaut, wurde das Haus in späteren Jahren landwirtschaftlich genutzt und dient nun seit rund 40 Jahren als Raststätte der Dürkheimer Pfälzerwäldler.

Insgesamt 110 Sitzplätze sind im Inneren geschaffen worden, wovon man 80 in der ehemaligen Scheune (hier bitte keine Hunde !) bereit hält. Dieser hübsche Raum eignet sich auch gut für grössere Wandergruppen, die man nach Voranmeldung gern bewirtet. Der Einzelwanderer wird zunächst die Haupthütte ansteuern, wo der wohnzimmergrosse Raum neben dem Flürchen auf 30 qm behagliches Verweilen verheisst und dem man noch immer den Wohnhaus-Charakter ansieht. Die Theke als Quell' des Weines und des Bieres und als Weitergabe der Essenswünsche in die dahinterliegende Küche ist in Rufnähe und bei den 30 Plätzen ist man schnell mit vielen Gästen im Gespräch.

Am runden Tisch in der Mitte will wohl niemand so gern sitzen und wird ein Plätzchen auf der Bank frei, wird sofort gerutscht. Wenn junge Eltern mit dem Kinderwagen in die Stube drängen, wird gerückt und geschoben, denn schliesslich kommt hier der Hüttenbesucher- Nachwuchs, auch wenn es zur Stärkung zunächst nur 'nen Schoppen Milch gibt. An diesem Nachwuchs sei kein Mangel, wohl aber an jüngeren Hüttendienstlern, bedauert der 1. Vorsitzende und im Zuge dieser Entwicklung habe man im Laufe der vergangenen Jahre leider auf zusätzliche Öffnungszeiten während der Ferien, auf Silvesterfeiern, auf Hütten-, Wald- oder Schlachtfeste verzichten müssen. Schade. Ein Klagelied, dass ich auf ach so vielen Hütten gehört habe.

Platz genug ist schon vorhanden - im Aussenbereich gibt es rund um die Hütte an der schönen Waldwiese mit dem biotopartigen Bewuchs 4oo Sitzplätze, aber wenn diese belegt wären, käme es zu regelrechten Versorgungsengpässen. Schon bei normalem Wochenendbetrieb herrscht vor der Ausgabeklappe im überschaubaren Flur Chaos. Hier tobt das Leben. Ein wenig umständlich aber auch, wenn man im „Wohnzimmer" den Kaffee bestellt und bezahlt, diesen im Flur abholen muss, und dann die Tasse nach zweimaligen Tür-auf-Tür-zu wieder zurück in die Stube balanciert, obwohl die Bestelltheke direkt mit der offenen Küche verbunden ist.

Die Qualität von Speisen und Getränken ist sehr gut. Sieben Weine und auch Sekt sind im Angebot, hausgemachten Glühwein gibt es in der kalten Jahreszeit. Das Essensangebot ist hüttenüblich mit Hausmacher, weissem Käse, Handkäse, Pellkartoffeln, verschiedenen Würsten und der Hüttenteller hat „von allem ebbes", schmeckt so richtig gut und macht zwei Personen satt. Fazit: ein Hüttchen für Leute ohne Berührungsängste und mit wohlig-behaglichem Ambiente, wie man es leider immer seltener findet.

Telefon	0170 – 3436929
Höhe	270 m
Eigentümer	PWV Bad Dürkheim, 1. Vorsitzender Wolf Rüdiger Tempel Tel.-Nr. 06322 – 4234
Öffnungszeiten	Sa, So, Feiertags 10.00 - 18.30 Uhr
Geschlossen	Vor Weihnachten bis zweites Januar-Wochenende,
Sitzplätze	innen 30 + 80, außen 400
Übernachtung	nein
Spielplatz	ja
Hunde innen erlaubt	ja (im Haupthaus)
Privat anmietbar	nein
Mit PKW erreichbar	ja, Parkplatz 10 Minuten
Rollstuhlgerecht	ja
Andere Wanderhütten in der Nähe	**Weisenheimer Hütte (Ungeheuer-See) **Naturfreundehaus Groß-Eppental
Erreichbarkeit	Kreisstraße Bad Dürkheim - Leistadt, auf halbem Weg links nach Weilach.
Topographische Wanderkarte	Bad Dürkheim und Umgebung

Gross Eppental 4

Fährt man von Bad Dürkkheim in Richtung Kaiserslautern, befindet man sich automatisch im Isenachtal und erblickt nach einigen Kilometern an der schmalsten Stelle, wo zwei Felsvorsprünge das Tal fast abriegeln, die imposanten Reste der Hardenburg, die mit einer Grundfläche von 180 x 90 m eine der grössten und besterhaltensten Burgruinen der Pfalz ist. Der Wald (Hart) und ihre Lage auf dem Mittelgebirgszug haben ihr den Namen „Waldburg an der Haardt" gegeben. Erbaut wurde sie zwischen 1205 + 1214 durch die Grafen von Leiningen, die von 1560 an für die nächsten 165 Jahre hierhin ihren Hauptwohnsitz verlegten. Während dieser Epoche wurde die Burganlage zum Residenzschloss ausgebaut. Sie überstand zwar den Pfälzischen Erbfolgekrieg, wurde jedoch von französischen Revolutionstruppen 1794 in Schutt und Asche gelegt, wobei auch die kostbare Innenausstattung vernichtet wurde. Nach und nach verfiel die Anlage zur Ruine.

Den mächtigen Befestigungsanlagen sieht man heute noch an, dass sie häufig umkämpft und Gegenstand kriegerischer Auseinandersetzungen gewesen ist, allein die Mauern des Bergfrieds haben eine Stärke von 7 m. Machthungrige und streitlustige Gesellen müssen die Burgherren der Hardenburg schon gewesen sein, den bereits die Burggründung war ein räuberischer Akt. Als Schutzvögte der benachbarten Abtei Limburg bauten die Leininger ohne Erlaubnis des Abtes die Burg auf dessen Grund und Boden. Die Schutzvogtei über Kirchenbesitz auszuüben, war im Mittelalter ein einträgliches Geschäft und offenbar verstanden sich die Grafen besonders gut darauf, in die eigenen Scheunen zu wirtschaften.

Gut wirtschaften - wenn auch in einem anderen Sinn - muss auch die Pächterin des Naturfreundehauses, das sich nur ein paar Kilometer entfernt im Ortsteil Hausen in einem hübschen Seitental befindet, inmitten von bewaldeten und mit Wanderwegen durchzogenen Bergen. Eine gute Lage, zweifelsfrei - zur Weinstrasse und zur Innenstadt von Bad Dürkheim ist es nur ein Katzensprung. Mit dem PKW ist das Haus über eine asphaltierte Zufahrtsstrasse bequem zu erreichen. Erst durch ein Neubaugebiet, vorbei an Wochenendgrundstücken, dann den Waldsee rechts liegen lassen und schon sieht man zur Linken die leuchtend gelbe Fassade des recht grossen Naturfreundehauses durch die Blätterdächer leuchten.

Zunächst fährt man an dem kleinen, 1951 erbauten Ursprungshäuschen vorbei, das mit seiner Mini-Terrasse noch immer einen hübschen Anblick bietet würden, wenn das hochwachsende Gestrüpp rundum einmal niedergemacht würde. Der Teich vor dem Häuschen ist auch noch vorhanden und ein paar Fische drehen ihre traurigen Runden. 1961 - also nur 10 Jahre später - wurde der dahinter liegende Neubau im praktisch-quadratisch-gut-Stil der sechziger Jahre errichtet, der jetzt Wanderern Anlaufstation ist und wo man in 7 Doppel- und einem Einzelzimmer nächtigen kann. Nachtruhe hier in abgeschiedener Waldlage garantiert.

Gross ist der Gastraum mit Platz für 120 Personen im Obergeschoss, aber trotz der Dimension bei weitem nicht ungemütlich. Nett eingedeckte Tische, um die Gardinenstangen geschlungene, farbfrohe Dekotücher, der altertümliche Küchenschrank und der warmtönige Terracotta-Boden geben dem Raum eine gewisse Note. Vor der Theke der Stammtisch und das Schild mit der Aufschrift „Dohoggediedieimmerdohogge" hat schon immer da gehangen. Auffallend im Raum ist der knullige Holzofen namens „Bullerjan" mit kanonenrohrähnlichen Auslässen. Den könnte man sich gut auch in einer kanadischen Holzfällerhütte vorstellen. Das grosse Wandgemälde zeigt deutlich, was unter einer „Auslese" noch zu verstehen ist. In

der warmen Jahreszeit wird man sich gern auf der angegliederten Terrasse aufhalten, hier sitzt man fast Aug-in-Aug mit den Baumkronen. Ebenso kann man sich vor das Haus auf den umwaldeten Vorplatz setzen - beide Möglichkeiten haben ihre Reize. Im Untergeschoss befindet sich auch vor den Toiletten der Nebenraum mit 55 Plätzen, ebenfalls hübsch und ansprechend dekoriert.

Nach Manier der Naturfreundehäuser ist Selbstbedienung angesagt, zumindest was die Getränke anbetrifft, die Essen werden an den Tisch gebracht. Während die Wirtin für einen reibungslosen Ablauf im Service sorgt, steht als Autodidakt der Ehemann in der Küche, der seine Wurzeln in Italien hat(te) und wenn es auf seinem 18-flammigen (!) Gasherd wie in einer Hexenküche so richtig zischt und brodelt, und er für eine Gruppe mal so „nebenbei" 150 Dampfnudeln zubereiten muss, so ist ihm das gerade recht. Die Standard-Speisekarte umfasst von üppig-belegten Broten, über verschiedene Käsespezialitäten so ziemlich alles aus dem Bereich der Kaltmamsell und bei den warmen Speisen weiss man gar nicht, für was man sich entscheiden soll: Schnitzel, Steaks, Pfälzer Gerichte, oder etwas von der Tagekarte ?: Grillbauch, Seelachs, Forelle, Gulasch, Lachs-Tagliatelle .... Wer die Wahl hat, hat die Qual. Und dass alles mundet, beweist der grosse Zustrom von Gästen, die auch ohne Wanderstiefel hier einkehren. Die Weine stammen allesamt von der hochdekorierten Winzergenossenschaft „Vier Jahreszeiten" und über die braucht man kein Wort zu verlieren.

Jeden Mittwoch gibt es Fisch, jeden Samstag Dampfnudeln, „echte", die nach altem Brauch hergestellt werden und auf die Frau Wirtin besonders stolz ist. Haben diese Dampfnudeln in der Familie doch schon lange Tradition, denn bereits die Mutter Senger war für die Zubereitung weithin bekannt, als die Familie 26 Jahre lang bis vor einiger Zeit noch das Oppauer Haus bewirtschaftete und sich damit einen Namen machte.

Telefon	06322 - 2380 www.K11.naturfreundehaus.de
Höhe	140 m
Eigentümer	Naturfreunde Grethen Pächterin Margot Perrone
Öffnungszeiten	täglich, ausser Die, ab 10.00. Zusätzlich Betriebs- und Familienfeiern möglich
Geschlossen	Geschlossen 24. + 25. Dezember, Betriebsruhe Ende Juni/Anfang Juli, Januar a.A.
Veranstaltungen	Sommernachtsfest in Planung
Sitzplätze	innen 120 + 60, außen 330
Übernachtung	ja
Spielplatz	ja
Hunde innen erlaubt	ja
Privat anmietbar	nein
Mit PKW erreichbar	ja
Rollstuhlgerecht	nein, Gastraum 1. Etage
Andere Wanderhütten in der Nähe	Hütte in der Weilach
Erreichbarkeit	Bundesstraße Bad-Dürkheim - Kaiserslautern, links ab nach Hausen, durch den Ort rechtshaltend (Hausener Straße) in den Wald ins große Eppental
Topographische Wanderkarte	Bad Dürkheim + Umgebung

Oppauer Haus 5

Nach Zwangspause durch Teilbrand ist das Oppauer Haus wieder aufgewacht und belohnt jetzt schon seit geraumer Zeit viele Wanderfreunde mit einer vielfältigen Küche zu moderaten Preisen. Wie man hört, war allerdings der Schaden durch Löschwasser grösser als der Brand selber.

Erbaut wurde das stattliche Anwesen 1925 als reines Selbstversorgerhaus in Eigenleistung und sollte Wanderfreunden, oft kinderreichen Familien, zur Verfügung stehen, denen das Geld für einen Hotelaufenthalt fehlte. Die Freude der tatkräftigen Männer und Frauen sollte nur von kurzer Dauer sein. Schon acht Jahre später wurde das Haus konfisziert und diente als Blindenheim. Das Schicksal der Zwangsenteignung traf im übrigen fast alle Naturfreundehäuser, die erst zwischen 1945 und 1948 an die Besitzer zurückgegeben wurden. Aber das ist ein dunkles Kapital und auch schon lange her. Heute erfreuen wir uns nach einer ausgedehnten Wanderung an der Gastlichkeit, die das Oppauer Haus umgibt.

Das mächtige Sandsteinhaus bietet drei bewirtschaftete Räume für 150 Gäste. Der 7o-sitzplätzige Hauptgastraum hat seinen großväterlichen Charme nach der Renovierung leider verloren, die schöne alte Holzverkleidung ist durch Plastikpaneele (oder sind es Laminatbretter ?) in halber Höhe ersetzt worden und der dunkelgrüne Anstrich oberhalb macht den Raum dunkler als nötig. Da wirkt der gegenüberliegende Nebenraum mit Klavier an der Wand schon gemütlicher. An diesem spätwinterlichen Nachmittag war es zudem in der Gaststube eisigkalt - aussen 10° und innen gefühlt auch nicht sehr viel mehr. Der schöne Holzkaminofen ist leider nicht angemacht worden, so dass man im Mantel sein Essen einnehmen musste, was das Vergnügen doch arg getrübt hat.

Besonders grosses Augenmerk wird auf Gesellschaften gelegt und bei Bedarf das komplette Haus zur Verfügung gestellt. Familienfeiern werden hier gern abgehalten, von der Kaffeetafel über kleine, gemütliche Vespern, Grillfest, bis hin zur Fete mit Musik und Tanz bis tief in die Nacht - man ist auf alles eingestellt. Hier in einsamer Waldlage gibt es auch keinen Nachbarn, der sich über Lärmbelästigung aufregt. Auf der Internetseite gibt man über die verschiedenen Möglichkeiten Auskunft.

Was erwartet denn nun den hungrigen Tagesgast ? Da ist zunächst einmal die umfangreiche Pfälzer Palette, Handkäse, weisser Käse, Salate, Schnitzel, Ochsenbrust, Bauernfrühstück, Omelettes, Käsespätzle u.v.m. Hinzu kommen die wechselnden Tagesgerichte, donnerstags Rinderleber, freitags Fisch, samstags Dampfnudeln mit Kartoffelsuppe und nicht zu vergessen die Flammkuchen, die es an jedem Samstag, Sonntag und Feiertag gibt. Da bleiben wohl keine Wünsche offen Das Schild über der Küchentüre „Vorsicht bissiger Koch" ist sicherlich nur betriebsintern gedacht und nicht für die Gäste.

Rund um das Haus grosse Freiflächen mit 200 Sitzmöglichkeiten und wer hier nächtigen möchte, ist in einem der 29 Betten, verteilt auf Einzel- bis Mehrbettzimmern, gut und preiswert aufgehoben.

Telefon	Telefon 06322 - 12 88 www.oppauerhaus.de
Höhe	280 m
Eigentümer	Naturfreunde Frankenthal Pächterin Patricia Mohr
Öffnungszeiten	Öffnungszeiten Die – So ab 11.00 Uhr (im Winter Mi - So)
Geschlossen	Betriebsferien erfragen
Veranstaltungen	Teilnahme am Hüttenzauber am 1. Juni-Sonntag
Sitzplätze	innen 150, aussen 200
Übernachtung	ja
Spielplatz	ja
Hunde innen erlaubt	ja
Privat anmietbar	nein
Mit PKW erreichbar	ja
Rollstuhlgerecht	nein (lange Eingangstreppe)
Andere Wanderhütten in der Nähe	** Lambertskreuz **Weinbiet
Topographische Wanderkarte	Bad Dürkheim und Umgebung

Anreise

Mit der Bahn

Wachenheim liegt an der Deutschen Weinstraße und ist mit der Deutschen Bundesbahn (eigener Bahnhof!) erreichbar. Vom Bahnhof aus ist ein Geheg von ca. 80 Minuten zu bewältigen (ca 9 Km).

Mit dem Bus

in den Sommermonaten verkehrt auch die Linie 510 des VRN (Verkehrsverbund Rhein-Neckar) ab Neustadt/Weinstr. bis zum Kurpfalzpark. Von dort aus sind es ca 25 Gehminuten oder 3 Km.

Mit dem Auto

Von Ludwigshafen – Neustadt/Karlsruhe, über die A65 bis Abfahrt Bad Dürkheim, weiter über die B 271 neu bis Ausfahrt Wachenheim/Friedelsheim, Nach Wachenheim reinfahren. An der großen Ampelkreuzung geradeaus in die Waldstraße.

Von Heidelberg/Mannheim/Ludwigshafen über die A650 bis Bad Dürkheim immer der Hauptstraße (B37) folgen. An der großen Ampelkreuzung vor Bad Dürkheim (vor der Bahn-Unterführung) links abbiegen. Neustadt/Weinstraße (B271 neu) dann 2. Ausfahrt Wachenheim/Friedelsheim. Nach Wachenheim reinfahren. An der großen Ampelkreuzung geradeaus weiter.

Richtung Lindenberg/Kurpfalzpark, am Ortsende fahren Sie nach ca. 3,5 Km rechts ab, der Beschilderung folgend.

Für alle Fälle GPS Daten: N 49°25'43"/E 8°7'7"

Lambertskreuz-Hütte

6

Lange, lange vorbei sind die Zeiten, wo der Hüttenwart im Winter nur ein bis zwei Personen unter der Woche bewirten konnte. Heute brummt es in der Hütte an jedem Tag und zu jeder Jahreszeit und gerade die Winterwanderungen durch den verschneiten Wald haben einen ganz besonderen Reiz, weil am Ende der offene Kamin in der Lambertskreuzhütte die kalten Glieder wieder auftaut. Ganz besonders ist eine Anwanderung in der Vorweihnachtszeit zu empfehlen, wenn die Hütte im Lichterglanz erstrahlt und an ein Adventsmärchen erinnert. Erzgebirgische Weihnacht' haben die umtriebigen Hüttenpächter aus der Heimat mit in die Pfalz genommen.

Betritt man den vorgebauten Windfang, muss man sich zunächst an das schummerige Licht gewöhnen, damit man auf den Tafeln die Tagesspezialitäten entziffern kann. Ist das geschehen und die Tür öffnet sich zur Hütte, entfährt einem unwillkürlich ein behagliches „Ahhhh..." Eine Wanderhütte hoch und weit von der nächsten Ortschaft entfernt mit einer so heimeligen Atmosphäre anzutreffen, hätte man nun wirklich nicht erwartet. Die Einrichtung in hellem, massivem Eichenholz gehalten, erinnert an einen Alpengasthof; die über Eck gestellte Theke mit Fachwerkverblendung könnte auch in der nächsten Dorfwirtschaft stehen. Am Raumende hinter der aufgestellten Holzkonstruktion die offene Feuerstelle mit den mächtigen Holzscheiten, wegen des Funkenfluges abgetrennt mit Glassichtfenster. Schöne Lampen und liebevolle Dekorationen unterstreichen die Gemütlichkeit.

Neben dem L-förmigen Gastraum für 40 Besucher wurde vor ein paar Jahren ein zweigeschossiger Trakt angebaut, der auf zwei Ebenen Platz für mehr als 120 Gäste bietet, so dass auch grosse Gruppen angenommen werden können oder kleinere, die gern unter sich bleiben möchten. Die grossen Tische und Bänke sind zweckmässig, die Dekorationen mit den vielen Geweihen und ausgestopften Waldtieren passend. Der Raum im OG ist besonders anheimelnd und so manch' andere Hütte wünscht sich eine derartige Einrichtung im Hauptraum. Die im Winter beheizten, brandneuen Toilettenanlagen befinden sich ausserhalb des Hauses und auch hier sind Gottseidank die Zeiten vorbei, als es noch vor 60 Jahren (schriftlich festgehalten !) hiess: „Wasserspülung entspricht nicht dem Hüttencharakter und einige Fliegen stören nicht ....“ !!

Für die Errichtung der ersten Blockhütte hatte sich der PWV Lambrecht im Jahr 1907 für die Stelle in alter Dürkheimer-Limburger-Wachenheimer Gemarkung entschieden, wo seit 1280 ein „Cruz St. Lamprecht“ als Grenzstein bekannt war und der Hütte ihren Namen geben sollte. Noch heute kommt dem uralten Steinkreuz ein Ehrenplatz zu. Verwittert ist allerdings seit langem die eingemeisselte Lampe als Zeichen des Limburger Abtes. Schon ab 1913 begann man mit bis in die Neuzeit fortlaufenden Umbauten, Anbauten, Neubauten und so stehen wir heute einem Juwel im Pfälzer Wald gegenüber, das nach den Kriegsjahren zwar dem Verfall preisgegeben, aber durch die richtigen Entscheidungen wieder zum Leben erweckt wurde.

Die Beliebtheit einer Einkehrstätte steht und fällt mit dem Hüttenwirt. Im Fall der Lambertskreuzhütte ist es die liebenswürdige Wirtin Jutta, die jeden ihrer Gäste kennt, herzlich begrüsst und auch für Neulinge stets ein

freundliches Wort hat, so dass man sich von Anfang an wohl und gut aufgehoben fühlt. Damit tritt sie in die Fußstapfen ihrer Vorgänger, die allesamt als originelle Wirte bekannt und beliebt waren. Tradition haben in der Hütte auch die grossen, schmackhaften Portionen, die aus der Küche getragen werden. Schweinebraten mit Knödeln beispielsweise, an Schlachtfesttagen die Eisbeine oder die gigantische, kalte Waldhausplatte für 2 Personen, die auch für 4 reichen würde, mit Schnäpsel für unter 10,00 Euro. Sieben (!) verschiedene Biere hat man auf der Karte und die sehr guten Weine liefert die hochgelobte Dürkheimer Winzergenossenschaft „Vier Jahreszeiten". Herz, was willst Du mehr ?

Nach ein paar schönen Stunden wird man aus der Lambertskreuzhütte mit den Worten auf dem Schild über der Eingangstüre „Ein Dankeschön fürs Kommen und auf Wiedersehen" verabschiedet. Mit solch' nettem Gruss tritt man beschwingt den Heimweg an und freut sich auf das nächste Mal.

Telefon	06321 - 18 88 47 www.lambertskreuz.de
Höhe	462 m
Eigentümer	PWV Lambrecht Pächter Bernd und Jutta Kunter
Öffnungszeiten	Di - So 10.00 - 18.00 Uhr
Zusätzlich	26. Dezember, 1. Januar
Geschlossen	Montags, 24., 25. + 31.12.
Veranstaltungen	** Jeden Mittwoch Schlachtfest ** Faschingsdienstag buntes Treiben ** 1 x im Monat Musik mit Emil + Band (Tag erfragen) ** 2. Weihnachtstag Hüttenparty
Sitzplätze	innen 40 und 120, außen ca. 300
Übernachtung	nein
Spielplatz	ja
Hunde innen erlaubt	ja
Privat anmietbar	nein
Mit PKW erreichbar	nein
Rollstuhlgerecht	nein, da nicht anfahrbar
Andere Wanderhütten in der Nähe	** Oppauer Haus ** Lichtensteinhütte
Erreichbarkeit	Parkplatz „Rotsteig" am Kurpfalzpark zwischen Wachenheim und Lambrecht-Lindenberg. Weg zur Hütte leicht bergan ca. 1 Std, ausgeschildert.
Topographische Wanderkarte	Bad Dürkheim und Umgebung

7 Eckkopf-Hütte

Von Deidesheim ziehen reizvolle, teils schluchtartige Täler in westliche Richtung. Eines davon ist das Sensental, von dem der Eckkopf-Aussichtsturm mit seiner urwüchsigen Hütte erreicht werden kann.

Es empfiehlt sich, den Wanderparkplatz „Kaisergarten" anzusteuern, so dass man schon einen Teil der Höhenmeter bewältigt hat. Auffahrt links neben dem ehemaligen Weingut Dr. Deinhard (jetzt Winning), vorbei an dem wunderbaren Bildstock aus dem Jahr 1431. Der Fahrweg führt an uralten Weinbergsmauern entlang, wie man sie beispielsweise aus dem Burgund kennt, vorbei an den Spitzenweinlagen Deidesheims und zur Rechten erkennt man auf halber Höhe die weithin sichbare Michaelskapelle.Ab Parkplatz erreicht man in rund 20 Minuten den Wallberg mit der gleichnamigen Schänke und das Turnerehrenmal. Nun geht es zu Fuß weiter - in einer knappen Stunde bergan durch herrliche Kiefernwälder erreicht man auf 516 m Höhe den Eckkopf mit seinem stählernen, 22 m hohen Aussichtsturm und unser heutiges Ziel: die Hütte, die in ihrer Urigkeit ihresgleichen sucht ! In einfacher Holzkonstruktion wurde sie einfach um das Untergeschoss des Turmes herumgebaut. Großzügige Spenden aus der Bevölkerung haben es ermöglicht, dass der durch Brandstiftung errichtete Vorgängerbau imJahr 1975 neu erstellt werden konnte, der 1. Turmbau datiert aus dem Jahr 1891.

Turm und Hütte sind Eigentum der Verbandsgemeinde Deidesheim und an die 5o Vereine teilen sich wochenweise die Bewirtschaftung - Jahr für Jahr entscheidet das Losverfahren, welcher Verein zu welchem Zeitpunkt berücksichtigt wird. Das hat für den Besucher den absoluten Vorteil, immer eine ausgeruhte und hochmotivierte Mannschaft vorzufinden und die Wochenend-Hüttler immer frisch und fröhlich am Werk sind. Jede Woche herrscht eine andere Atmosphäre und jede Woche empfängt uns ein anderes Speiseangebot. Heute Bratwurst mit Sauerkraut, nächste Woche Sauerkraut mit Bratwurst ....Hierbei ist zu bedenken, dass das „Geschäftsrisiko" voll bei den Vereinen liegt und dass für ein einziges Wochenende geplant, eingekauft und der Vorrat auch verkauft werden muss. Hat man etwa zuviel eingekauft? Drama! Hat man zu wenig eingekauft? Drama! Man weiss im Vorfeld nie, wie das Wetter wird und wie viele Wanderer sich in dieser Woche auf den Weg in die Eckkopf-Hütte machen. Also bitteschön nicht gemeckert, wenn einmal etwas „aus" ist. Jeder Verein hat sein Stammpublikum und seine Fans, wenn beispielsweise die Kolpingfamilie, die Feuerwehr oder der Sportverein Dienst macht.

Geöffnet ist in der Regel das ganze Jahr über (Weihnachten, Silvester/Neujahr auf Anfrage), sofern die Zufahrt oder der Wanderweg nicht verschneit oder vereist ist. Alle Informationen erhalten Sie über das Touristikbüro Deidesheim. Die Besucher der Hütte sind so bunt gemischt wie die Betreiber: Junge Familien mit Kinder(wagen), Senioren, die sich freuen, es „geschafft" zu haben und auch Wanderer mit hochgeschnürtem, Touring-Rucksack, als ginge es auf den Nanga Parbat. Manchmal möchte ich, die nur mit Geldbörse und Tempotaschentüchern wandert, gern um den Inhalt eines solch' vollbepackten Gepäckstückes wissen ..... Der prominenteste Gast war vor etlichen Jahren der damalige Bundespräsident Karl Carstens, dessen Wanderfreudigkeit ja legendär war.

Der Hütten-Eingangsbereich mit den Ausgabestellen und der zum Gastraum offenen Küche ist so gross wie die Gaststube, in der 45-50 Besucher Platz nehmen und den Damen und Herren jenseits des Tresens bei der

Arbeit gemütlich zusehen können. Die Luft ist bratwurstduft-geschwängert und die nassen Handtücher hängen einfach über einer quergespannten Wäscheleine. Ich empfinde es als sehr angenehm, dass es sich noch um eine Hütte im alten Stil handelt, wo noch nicht die Kontrollorgane mit ihren oft schwer nachvollziehbaren und unverständlichen Verordnungen zugeschlagen und damit auch dieser Hütte ihre Ursprünglichkeit geraubt haben. Hoffen wir, dass es auch so bleibt. Vor der Hütte eine Art Wintergarten, der im Sommen offen und winters mit Plastikplatten verschlossen ist; auf diese Art sind weitere 100 Sitzplätze hinzugekommen. Ganz herrlich sitzt es sich auch draussen auf dem Gipfelkopf, der eben genug ist, um bei Bedarf reichlich Bierzeltgarnituren aufstellen zu können. Sich einfach auf den Waldboden zu setzen, ist natürlich auch eine Möglichkeit.

Ich fühle mich auf der Eckkopf-Hütte rundum wohl - es irritiert mich nur der Werkzeugkasten neben dem Gasherd. Kennen Sie den Witz des Fallschirmspringers, dessen Fallschirm sich nicht öffnet und dem im freien Fall nach unten auf halber Strecke ein Handwerker mit Handwerkskasten entgegengeflogen kommt ? „Reparieren Sie auch Fallschirme ?" - „Nein, nur Gasherde „!

Eckkopf-Hütte 7

Höhe 516 m

Eigentümer Verbandsgemeinde Deidesheim
Infos: 06326 – 96 770
www.deidesheim.de

Öffnungszeiten Sa /So / Feiertage. Öffnungszeiten unterschiedlich, i.d. Regel 10.00 Uhr Silvester/Neujahr und Weihnachten nach Anfrage bei Touristikbüro

Geschlossen Bei starkem Schneefall oder Glatteis und während der Sommer-Schulferien.

Sitzplätze	innen 45 + 100, außen reichlich
Übernachtung	nein
Spielplatz	nein
Hunde innen erlaubt	ja
Privat anmietbar	nein
Mit PKW erreichbar	nein
Rollstuhlgerecht	entfällt, da nicht anfahrbar

Andere Wanderhütten in der Nähe Deidesheimer Hütte im Mühltal

Erreichbarkeit Deidesheim-Ortsmitte, links neben Wein gut Winnig, (vormals Dr. Deinhard) Auffahrt zum Parkplatz Kaisergarten im Sensental. Von hier aus ca 1 Std. Fußmarsch bergan.

Topographische Wanderkarte Bad Dürkheim und Umgebung

Waldschenke Mühltal (Deidesheimer Hütte) 8

„Wohlgehörnt und wohlbebeutelt" muss er sein, dazu bunt bekränzt als ginge er auf Brautschau.

Die Rede ist von einem stattlichen Geißbock, der seit 1404 in ungebrochener Folge von den Lambrechter Bürgern als Tribut für alte Weiderechte an die Deidesheimer alljährlich auf Dienstag nach Pfingsten (früherer Gerichtstag) zu liefern ist. Während sich die Übergabe am Morgen an der Gemeindegrenze abspielt, findet die vielumjubelte Versteigerung des Geißbockes vor Deidesheims malerischster Kulisse, dem Rathaus, am späten Nachmittag vor rund 10.000 Zuschauern statt. „Wer mit dem Schlag der sechsten Stund' das höchste Gebot abgibt, dem ist der Bock zu eigen und erhält ein urkundlich Vermerk hierfür". Stolze Summen zum Wohle des Waldhaushaltes wechseln bei der Versteigerung den Besitzer und es kommen schon mal an die 5.ooo Euro zusammen.

Seit „urfürdenklichen" Zeiten ist es Tradition, dass der Tributbock von Lambrechts jüngstem Brautpaar zugeführt wird, das sich an diesem Tag mit beachtlichem Gefolge (Büttel, Bürgermeister und 300-400 Mitläufern) frühmorgens um 5.30 auf den Weg Richtung Deidesheim macht. Nach einem strammen Marsch werden sie 1,5 Std. später an der Waldgrenze von Waldhüter, Musikanten und einem Fähnlein Stadtsoldaten in historischen Kostümen mit einem gar köstlichen Trunk empfangen. Für einen geschichtsträchtigen Augenblick ist dies der richtige Hintergrund und man hätte sich für das erste Treffen keinen schöneren Ort aussuchen können, als das romantische Waldstück im Mühltal mit der urigen Waldschenke als Anlaufstation. Aus dem einstigen Ausschank, der ab 1908 nur in den Sommermonaten bewirtschaftet war, wurde im Laufe der nächsten 80 Jahre eine beliebte Waldwirtschaft für alle Jahreszeiten geschaffen - ein Sahnehäubchen im Hüttenreigen. Wie mit der Umgebung verwachsen, schmiegt sich die Deidesheimer Hütte an den östlichen Ausläufer des Mittelberges, gleichsam als wolle sie an dem fast 500 m hohen Bergrükken Schutz suchen. Zwar mit einem neueren Steinhaus als Anbau, besticht der alte Teil durch seine rustikale Holzbauweise und auch das „Sommerhäusl" (wo aber auch im Winter Glühwein ausgeschänkt wird) auf der Waldterrasse fügt sich harmonisch ins Bild.

In der Hütte setzt sich der Eindruck fort: die Ausstattung ist urig, knuffelig und einfach nur saugemütlich - hier fühlt man sich direkt zu Hause und kann in den drei Räumen mit viel Dekoration und Schnick-Schnack einfach die Zeit vergessen. Rechts vom Eingang im neueren Teil ein etwas grösserer Raum, links ein kleineres Stübchen mit Tresen und Blick in die Küche und dahinter liegt das Jägerstüberl, ganz aus Holz und eigenwilliger Deckenkonstruktion. Die Gehörne an den Wänden geben dem Raum seinen Namen - das Hirschgeweih stammt vom letzten Hirsch, der 1954 in der Region geschossen wurde. Nur böse Zungen behaupten, dass heutzutage die fast handzahmen Hirsche aus dem benachbarten Wildpark den heutigen Jagdgesellschaften angeboten würden. Kein Wort sei davon wahr, versichert Wirt Ulli, der nicht nur Koch, sondern auch Waidmann ist und an einigen Freitagen wunderbare Wildgerichte zaubert. Erkundigen Sie sich nach den Terminen beim Chef. Seit März 2000 ist Ulli Plagge als Pächter der Hüttenwirt, der zusammen mit seiner charmanten Lebensgefährtin Kim den Laden mit Herz und viel Sachverstand schmeisst. Ein stets übervolles Haus gibt dem Konzept der Beiden recht.

Ein Blick in die Küche zeigt: Hier sind Profis am Werk. Ein Gewusel zwischen Töpfen, Pfannen und Brätern - aber jeder Handgriff sitzt. Der Koch ist in seinem Element, wenn es so richtig brummt, die Eltern und der Sohn helfen kräftig mit - ein Familienbetrieb, wie er sein sollte. Was auf den Tisch kommt, kann sich sehen lassen und schmeckt hervorragend. Neben der Litanei Pfälzer Schmecklecker, ist die kalte Küche phantasievoll, die Tageskarte umfangreich. Hier geht keiner hungrig ins Bett. Ein Renner sind die saftigen Rumpsteaks mit krachenden Bratkartoffeln, allerdings - und hier bittet man um Verständnis - werden die Steaks bei Riesenbetrieb nicht angeboten. Ein Rumpsteak will mit Sorgfalt zubereitet werden und Kompromisse bei der Qualität kommen dem Gastwirtspaar nicht in die Tüte. Die Weine stammen aus Deidesheim und Umgebung und brauchen keine weitere Erwähnung - einfach nur gut!

Für musikbegeisterte Gäste werden Akkordeon, Gitarre und man höre und staune: ein Klavier zur Verfügung gestellt und oft genutzt. Auf Faschingsdienstag ist lustiges Hüttentreiben angesagt - im Frühsommer startet ein Hüttenfest. Für geschlossene Gesellschaften öffnet man die Hütte auch an den Ruhetagen und spätestens jetzt wird klar, dass für noch mehr Aktivitäten kein Platz ist.

Telefon	06326 -962626 www.waldschenke-deidesheim.de
Höhe	180 m
Eigentümer	PWV Deidesheim Pächter Ulli Plagge, Kim Baumann
Öffnungszeiten	Mi, Do, Sa, So + Feiertage ab 11.00 Uhr Zusätzlich Für geschlossene Gesellschaf ten auch an Ruhetagen. Freitags Dämmer-schoppen ab 16.00 Uhr, bei trockenem Wetter (bitte nachfragen !)
Geschlossen	1 Woche vor Weihnachten, 1 Woche vor Ostern 24., 25.12., 1. Januar
Veranstaltungen	** Faschingsdienstag lustiges Treiben ** Frühsommerfest (Termin erfragen)
Sitzplätze innen	120, außen 240
Übernachtung	nein
Spielplatz	ja
Hunde innen erlaubt	ja
Privat anmietbar	ja (geschl. Gesellschaften)
Mit PKW erreichbar	nein
Rollstuhlgerecht	ja, Parkplatz ca 800 m
Andere Wanderhütten in der Nähe	Eckkopf-Hütte
Erreichbarkeit	Deidesheim-Ortsmitte. Am Rathaus links in Heumarktstrasse. Geradeaus bis Wald parkplatz, dann ca 800 ebener Weg bis zur Hütte.
Topographische Wanderkarte	Bad Dürkheim und Umgebung

Wanderstützpunkt Schwarzsohl 9

Als Liebhaberin alter Forsthäuser (weiß der Kuckuck, was ich damit verbinde), hat es mir das zum Wanderheim umfunktionierte Forsthaus Schwarzsohl besonders angetan. Es steht droben auf der Frankenweide, einer prächtig bewaldeten Anhöhe, 5 km südwestlich von Weidenthal. Seinen Namen verdankt es einer sumpfig-lehmigen Bodenkuhle, in der sich besonders gern das Schwarzwild suhlt; seine Entstehung einer Dankestat des Grafen von Leiningen, der bei winterlicher Pirsch Erfrierungen an den Füssen erlitten und vom Frankensteiner Jäger Hoffmann so heilkundig behandelt wurde, dass er vollends genaß. So geschehen 1795, ließ der gräfliche Herr seinem Retter ein kleines Waldhaus erbauen und einen 10 m tiefen Brunnen ausschachten.

1840 wurde die Kate durch ein festes, erdgeschossiges Haus ersetzt. Die in der Einöde wohnenden Forstleute betrieben im Nebenerwerb Ackerbau und Viehzucht - und eine beliebte Waldschänke, wie das vielfach früher in den Forsthäusern so üblich war. Einen regelrechten Boom erfuhr die För-

sterei/Gaststätte um die Jahrhundertwende, nachdem eigens eingesetzte Ausflugs-Sonderzüge aus den Fabrikstätten sonntags in das erholsame Grün der Bergwälder fuhren und die Wanderer vom Bahnhof Weidenthal das Forsthaus ansteuerten. Nach 5 km Marsch mag es einen ordentlichen Durst gegeben haben, für den jeder Pfälzer bekanntlich äusserst dankbar ist.

Beschwerlich war zu dieser Zeit die Wasserversorgung. Da das Brunnenwasser kaum genießbar war, brachten Träger täglich von einer 1 km entfernten Quelle in Eimern und Milchkannen sauberes Wasser ins Forsthaus. Im Winter eine beschwerliche Arbeit und beschwerlich auch der Weg für die Försterskinder in die weit entfernte Weidenthaler Schule. Die Dienststelle wurde 1963 aufgegeben, der letzte Förster namens Kölsch zog nach Frankenstein und das nun leerstehende Gebäude diente zunächst dem PWV Kaiserslautern als wichtiger Wanderstützpunkt und Bewirtungsstätte. Seit 1983 haben nun die Frankensteiner-Weidenthaler Pfälzerwäldler nach zähen Verhandlungen mit den Regierungsbehörden (das Haus war inzwischen baufällig und sollte abgerissen werden) hier Hausrecht und das schöne, alte Forsthaus ist uns erhalten geblieben. Schwarzsohl läd nun wieder als Waldschänke zum Aufenthalt, zu Trunk und Imbiss ein - und so soll es bleiben.

Wenngleich die alte Försterherrlichkeit vorbei ist, atmet das Haus noch den Geist der Vergangenheit. Betritt man es, sieht man sich einem Wohnhaus gegenüber, in dem fast 2oo Jahre gelebt, geliebt und gestorben wurde, wo die Bewohner gute und schlechte Zeiten verbracht haben. Die alten Balken wissen davon zu berichten und viele Geschichten ranken sich um diese Stätte, wie die von der „schwarzen Gretel auf Schwarzsohl" (eine blutrünstig verlaufene Liebesgeschichte). Die Weidenthaler und die Kollegen aus Frankenstein haben es verstanden, nicht nur das Haus vor dem Abbruch zu retten, sondern auch seine Atmosphäre zu bewahren. Den kleinen Stuben rechts und links vom Treppenhaus ist Gottseidank nicht die Ursprünglichkeit genommen. Notwendige Modernisierungen hat man schonend durchgeführt, auch auf die Gefahr hin, dass nicht alles so perfekt ist.

Im rechten Raum mit schöner Sandsteinwand zum angrenzenden Kuhstall, der mit ins Gastwirtschaftsgeschehen einbezogen wurde, schalten und walten die Frauen des Vereins. Hier gibt es Kaffee und Kuchen sowie kalte Küche. Im Treppenhaus wird Suppe und Wurst ausgegeben und im gemütlichen, linken Raum mit freigelegtem Fachwerk sind die Männer für die flüssigen Genüsse zuständig. Alles muss seine Ordnung haben. Besonders hübsch finde ich die Aussenflächen seitlich vom Haus. Hier sitzt man auf derben Sitzbänken an ebensolchen Tischen, umgeben von Wald und Wiesen. Der Biergarten ist mit einer schönen alten Mauer umgeben, so wie man es noch an alten Kirchhöfen findet.

Beachtlich, was die Senioren, im Laufe eines Jahres so alles auf die Beine stellen: Am 1. Sonntag im August wird die Schwarzsohler Kerwe gefeiert - aber hallo ! Auf Faschingsdienstag kann man sich an den traditionellen Faschingsküchle gütlich tun, Schlachtfeste finden zweimal im Jahr statt, im September lockt ein Grillhaxenfest und zu Silvester kann man den Jahreswechsel in geselliger Runde verbringen, so dass mir der Spruch **"Wir Pfälzer sind, so will's mir dünken ein sonderbarer Menschenschlaach, sind wir lustig, tun wir trinken - sind wir traurig, tun wir's aach."** auf die Schwarzsohler Leute so richtig passend erscheint. Noch ein Wort zu Silvester: Es sei keine Anmeldung erforderlich !?, ich empfehle aber trotzdem, vorher anzurufen.

Wanderstützpunkt Schwarzsohl 9

Telefon	06328 – 1617 www.pwv-weidenthalfrankenstein.de
Höhe	473 m
Eigentümer	Staatliches Forstamt Pächter PWV Weidenthal-Frankenstein Vorsitzender Klaus Koppenhöfer Tel. 06374 – 994999
Öffnungszeiten	Sa, So, Feiertage 9.00 – 18.00 Uhr
Zusätzliche Öffnungszeiten	Mittwochnachmittag (erfragen)
Geschlossen	Hüttenferien erfragen
Veranstaltungen	** Schwarzsohler Kerwe (Haxenfest) am 1. So im August ** Faschingsdienstag ** Schlachtfest Mitte März + Mitte Nov. ** Mitte September Grillhaxenfest
Sitzplätze	innen 100, außen 100 (erweiterbar)
Übernachtung	nein
Spielplatz	ja
Hunde innen erlaubt	ja
Privat anmietbar	ja, auf Anfrage
Mit PKW erreichbar	ja
Rollstuhlgerecht	ja
Andere Wanderhütten in der Nähe	** Lichtenstein-Hütte ** Wolfsschlucht-Hütte ** NF Elmstein
Erreichbarkeit	Neustadt - Richtung Kaiserslautern, bis zum Ort Weidenthal. An der Kirche links Richtung Elmstein, auf die Kreisstraße 38 abbiegen. ca 5 km.
Topographische Wanderkarte	Lambrecht/Elmstein

Lichtenstein-Hütte

10

Trauen Sie sich ruhig weiter - dieser Weg ist der richtige

Von Lambrecht kommend, führt der Mühlweg in Neidenfels mitten durch das Betriebsgelände der Papierfabrik Julius Glatz, vorbei am Besucherparkplatz zur Rechten. Auf der Kuppe rechts hoch in den Wald und am Ende der Wohnstrasse nun das Ziel der Irrfahrt: die Lichtensteinhütte, die ihren Namen den im Wald gelegenen, kaum erkennbaren Überresten der Burg Lichtensein verdankt. Ohne Anfahrtsbeschreibung wäre die Hütte nur schwer zu finden, die Hinweisschilder im Ort sind nicht nur winzig, sondern auch in einer Höhe angebracht, in die man vom Auto aus kaum schaut. Da heisst es für den Beifahrer die Scheibe heruntergekurbelt und sich verrenken, damit man den Hinweis entdecken und entziffern kann.

Dem eiligen Autofahrer erscheint der Ort Neidenfels zunächst als unbedeutendes Dörfchen im engen Hochspeyerbach-Tal, das jedoch bei näherem Hinsehen mit anmutigen, kleinen Häusern, engen Gassen, urwüchsigen Wäldern und stillen Tälern aufwarten kann. Das Dorf ist eng mit der Geschichte der Burg Nydenfels verbunden, die durch Pfalzgraf Rudolf 1330 als Nachfolgebau zur 1200 erbauten Burg Lichtenstein auf benachbartem Bergrücken erstellt wurde. Erhalten geblieben sind Teile des Palas, der Ringmauer und der gesprengten Ringbastion. Bis zur Zerstörung durch die Franzosen 1689 im Pfälzischen Erbfolgekrieg residierten im Laufe von 359 Jahren neun Geschlechter auf der Burg Neidenfels und bewachten das Tal. Der Neidenfelser Wanderverein hatte sich nach seiner Gründung die Pflege der Burgruine zur Aufgabe gemacht und die veranstalteten Burgfeste waren äusserst beliebt, bis sie 1950 einschliefen. Aber ein Wanderverein ohne „feste Feste" ist in der Pfalz wohl kaum anzutreffen und so wird heute anstelle des Burgfestes ein deftiges Schlachtfest gefeiert.

Im schönen Hintertal schlummerte am Waldrand bis 1970 ein verlassenes Obdachlosenheim vor sich hin; die Fenster mit Türen und Brettern vernagelt, die Zugänge gras- und unkrautüberwuchert. Dieses verlassene Haus erwarb der PWV und baute es im Laufe der nächsten Jahre zu einem freundlichen Anwesen aus. Man hatte nun ein gemütliches Zuhause fürs Vereinsleben und konnte den müden Wanderer zur erholsamen Rast, den Durstigen zu stärkendem Trunk einladen. Übernachtungsgästen bietet man Asyl in modern ausgebauten Zimmern und so kommt das Haus wieder seiner ursprünglichen Bedeutung zu. Das komplette Obergeschoss steht mit drei Schlafzimmern, grossem Aufenthaltsraum und Selbstversorgerküche zur Verfügung. Mit zehn Betten eine kleine Einheit, die wie eine Ferienwohnung anmutet - bestens für eine Freundesgruppe geeignet.

Im Erdgeschoss nun die gastliche Einkehrstätte. Hell und freundlich eingerichtet, können sich hier 70 Besucher aufhalten; der durch eine Glasschiebetür abgetrennte Nebenraum wird nur bei Bedarf geöffnet. Am übersichtlichen Tresen holt man sich seinen Schoppen, wobei es sich die

Hüttenleute wohl mit keiner Region verderben wollen; das Angebot umfasst ausgesuchte Weine von Schweigen bis Dürkheim. Auf der Speisekarte bittet man um Verständnis für ein kleines Angebot und es gibt in der Tat neben der kalten Küche nur fünf verschiedene, warme Pfälzer Spezialitäten. Dennoch hat man es verstanden, hieraus elf verschiedene Gerichte zu zaubern. So geschehen durch mannigfaltige Kombinationsmöglichkeiten und als Krönung die Pfälzer Dreieinigkeit „Saumagen-Leberknödel-Bratwurst" auf einem Teller. Hurra.

Telefon	06325 - 7606
Höhe	200 m
Eigentümer	PWV Neidenfels Pächter Heinz Seiler, 06325 - 6314
Öffnungszeiten	Mi, Sa 13.00 - 19.00 Uhr So, Feiertage 10.00 - 19.00 Uhr
Zusätzlich	26.12., + 1. Januar
Geschlossen	Juli, 24. + 25. 12.
Veranstaltungen	** Aschermittwoch Fischessen ** Anfang Februar Schlachtfest (Termin erfragen)
Sitzplätze	innen 70 + 35, außen 80
Übernachtung	ja, Anmeldung: Alfons Laubscher, Tel. 06329 - 1634
Spielplatz	ja
Hunde innen erlaubt	ja
Privat anmietbar	ja, Anfragen
Mit PKW erreichbar	ja
Rollstuhlgerecht	ja
Andere Wanderhütten in der Nähe	** Lambertskreuz-Hütte ** Wolfsschlucht-Hütte ** Wanderstützpunkt Schwarzsohl
Erreichbarkeit	Neustadt-Lambrecht, Richtung Neidenfels, weiter wie im Text
Topographische Wanderkarte	Lambrecht/Elmstein

Elmsteiner Naturfreundehaus 11

Eigentlich passt das prächtige Elmsteiner Naturfreundehaus nicht so richtig ins „Hüttenraster", der Vollständigkeithalber sei aber dennoch an dieser Stelle darauf aufmerksam gemacht, da es Stütz- und Treffpunkt vieler Wanderer ist und an dieser landschaftlich schönen Stelle viele Wanderwege zusammenlaufen.

Ansonsten ist es mehr eine Familien-Ferienstätte der Naturfreunde und Arbeiterwohlfahrt, Schullandheim und Tagungsstätte in einem. Jedoch auch offen für Jedermann, lediglich ist der Übernachtungs- oder Vollpensionspreis für Nichtmitglieder vorgenannter Organisationen etwas höher.

In den 4 Häusern mit insgesamt 96 Betten können die Naturfreunde mit einer stattlichen Übernachtungszahl von 14 - 17.000 (!) pro Jahr aufwarten.

Dass es sich dennoch um keine Hotelanlage handelt, zeigt die Struktur des Hauses mit seinem Reglement und der straffen Ordnung. Allein für die Speisekarte, was es wann bis wieviel Uhr gibt, habe ich etwas Zeit gebraucht. Im Selbstbedienungsbetrieb umfasst diese die Pfälzer Küche, Würstchen und Schnitzel, Vegetarisches, kalte Speisen und täglich gibt es zwei bis drei gutbürgerliche Gerichte, die auch in halben Portionen erhältlich sind. Alles sehr preiswert und in gewohnten, reichlichen Mengen. Besonders belebend ist, dass es im Natufreundehaus keinen einzigen Ruhetag gibt und dass es ohne Unterbrechung das ganze Jahr geöffnet hat. Selbst an den Weihnachtsfeiertagen und über den Jahreswechsel wird man als Gast bewirtet.

Der Aufenthaltsraum für die Übernachtungsgäste im Haupthaus - das zu Pfingsten 1921 als damals grösstes NFH Deutschlands eingeweiht wurde - ist gleichsam der Gastraum für die Tagesbesucher, die sich wegen der unzähligen Wandermöglichkeiten rund um das Elmsteiner Tal in grossen Mengen einfinden. Elmstein selber gehört zur Verbandsgemeinde Lambrecht und geht auf die im12./13. Jh. erbaute Burg Elmstein der Pfalzgrafen bei Rhein zurück. Die Ortsteile entstanden zumeist als Ausbausiedlungen für Waldarbeiter oder als Bergarbeitersiedlungen.

Das stattliche Anwesen liegt am Ende des Ortsteiles Harzofen auf einer kleinen Anhöhe mitten im Wald. Ein 30.000 qm grosses, parkähnliches Areal umgibt das Häuser-Ensemble, und gemütliche Sitzgruppen im ganzen Gelände laden zum entspannten Verweilen ein. Der riesige Garten mit dem gemauerten Grill und den schattenspendenden Bäumen ist besonders beliebt.

Telefon 06328 - 229
www.naturfreundehaus-elmstein.de

Höhe 260 m

Eigentümer Naturfreunde Ludwigshafen,
Vors. Herr Schwarz

Öffnungszeiten Täglich 9.00 - 21.00 Uhr,
am 24.12. bis Mittag

Geschlossen Nie

Veranstaltungen
** Musikfest (Termin erfragen)
** Silvesterfeier (Anmeldung)
** Faschingssamstag närrisches Treiben
** Weihnachtsmarkt an 2 Adventswochenenden

Sitzplätze	innen 60, außen 350
Übernachtung	ja
Spielplatz	ja
Hunde innen erlaubt	ja
Privat anmietbar	nein
Mit PKW erreichbar	ja
Rollstuhlgerecht	ja

Andere Wanderhütten in der Nähe Wolfsschlucht-Hütte

Erreichbarkeit Neustadt-Lambrecht, abzweigen Richtung Elmstein. Ortsteil Appental, rechts am alten Turm (Wallfahrtskirche) nach Harzofen. Ortsende.

Topographische Wanderkarte Elmstein/Lambrecht

Wolfsschlucht-Hütte

12

Noch bevor Columbus Amerika entdeckte, stand die 600-jährige „Dicke Eiche" bereits hier am Finstereck in Esthaler Gemarkung. Sie hat die Zeit der Reformation, den 30-jährigen Krieg und sogar den wiederholten Einfall der Franzosen überdauert. Sie ist ein lebendes Monument aus der Zeit, als die Wälder reine Buchen- und Eichenhaine waren. Ein Naturdenkmal mit 20 m Höhe, 4,5 m Stammumfang und 50 m Kronendurchmesser, das allein den Weg in das schöne Walddorf Esthal lohnenswert macht - eine der wenigen nicht im Tal gelegenen Pfälzer Siedlungen.

Ein paar Wanderkilometer weiter westlich gab es einst eine Anlage aus der Zeit, als in unseren Wäldern noch Wölfe beheimatet waren. An der Stelle, wo sich auf der Höhe der Weg nach Elmstein und Harzofen teilt, war eine Wolfsgrube. Man hatte damals die Grube angelegt, mit Reisig überdeckt und so die Wölfe gefangen. Eine Sage berichtet von einem Musikanten, der auf seinem Weg von einer Hochzeit in diese Grube gestürzt und sich einem gefangen gesetzten Wolf gegenüber sah. Schnell die Geige zur Hand, spielte der Musikant bis in die frühen Morgenstunden und der Wolf tat ihm kein Leid an - und seither wissen wir, dass die Esthaler Wölfe gern Musik hörten.

Nicht weit von der Wolfsgrube entfernt steht die urige Wolfsschluchthütte des PWV Esthal im romantischen Breitenbachtal; auf der einen Seite begrenzt von hohem Mischwald, auf der anderen Seite direkt am Bächlein mit Steg zur anderen Talseite. Auf den ersten Blick erscheint die Hütte klein mit ihrem Steinsockel und dem dunklen Holzaufbau. Doch durch den erstellten Seitentrakt aus hellem Holz und geschicktem Ausbau des Innenraumes mit integriertem Tresen ist ein 50 qm grosser Raum für 8o Gäste entstanden. Zunächst mag man vielleicht etwas „ernüchtert" sein, denn das Äussere verspricht mehr Urigkeit als das Innere hergibt. Aber das ist bei der freundlichen Atmosphäre schnell der Normalität gewichen, und die Hüttenleute freuen sich, hier weitab vom Urlauberstrom, über neue Gesichter und schnell hat man Gesprächsstoff gefunden. Nicht, dass die Pfälzer im allgemeinen neugierig sind - nein: sie möchten nur gern alles wissen. Wo kommt man her?, macht man hier Urlaub?, wie hat man den Weg gefunden? gefällt es in der Pfalz? ....

Seit 1961 ist der PWV hier zu Hause, zuvor diente das Waldhäuschen als Pumpenstation für die Esthaler Wasserleitung. Der Speisezettel ist bescheiden und beschränkt sich auf ein paar Kleinigkeiten, die man sich an der Ausgabestelle zwischen dem Haupt- und Nebenraum abholt. Wenn man von Nebenzimmern gewöhnt ist, dass diese etwas „leblos" sind, so ist man vom Anbau der Wolfsschlucht-Hütte angenehm überrascht. Helles, freundliches Fachwerk mit kräftigem Binder leuchtet einem entgegen - die Decke ist bis in den Giebel offen gehalten und man streckt gerne seine Beine unter einen der einladenden Tische. Da die Hütte nicht an einem Fernwanderweg liegt, ist der Zustrom von Fremden gemässigt - und wenn es in den Hütten an der Weinstrasse im Herbst manchmal so richtig brummt, bekommt man diesem Waldhaus immer noch ein Plätzchen.

Wie gesagt, es ist alles beschaulich und familiär in der kleinen Hütte, bis auf einen Tag zwischen Weihnachten und Neujahr - da wird die Bude zu klein.

Die liebenswürdige Hüttenfrau erzählt, dass es dann nämlich Oig'scherrtes gäbe. Wie bitte ??? O-i-g-'-s-c-h-e-r-r-t-e-s!!! Nochmal bitte! Ich verstehe immer noch nicht und gucke so, wie Sie jetzt. Ich lasse mir das Wort aufschreiben, andere Gäste werden als Dolmetscher hinzugezogen und nach längerem Hin und Her kann ich diese einmalige Spezialität weitergeben:

Alljährlich zwischen Weihnachten und Neujahr (genaues Datum erfragen) wird auf dem Platz vor der Hütte ein grosser Holzstoss kunstvoll aufgeschichtet und angezündet. Wenn die Holzscheite schön durchgeglimmt sind, wird in die Hohlräume zwischen den Scheiten von kundigen Männern Fleischpäckchen hineingeschoben und gegart, die dann in der Hütte (oder wem es nicht zu kalt ist, auch draussen) ausgepackt und verzehrt werden. Jeder Gast dieser Veranstaltung bringt sich sein Fleisch, fest verpackt in Aluminiumfolie, selber mit. Das kann von simplen Würstchen über Steaks, Kartoffeln, Gemüse bis zum Rollbraten alles sein, was sich auf diese Weise garen lässt. Man muss sich nur die Stelle merken, an die das eigene Päckchen geschoben wurde, sonst kann es Ärger geben. Das Trinkbare kauft man sich (bitte !) beim Hüttenpersonal, denn das ist die einzige Einnahmequelle an diesem Tag für den Verein, der sich so viel Arbeit gemacht hat.

Jahr für Jahr schwöre ich mir, dass ich nun wirklich noch einmal an diesem höllischen Vergnügen teilnehmen werde - bislang habe ich es leider nur einmal geschafft. Aber nächstes Jahr bestimmt, ganz bestimmt ....!

Wolfsschluchthütte 12

Telefon	06328 - 1386
Höhe	260 m
Eigentümer	PWV Esthal Vorsitzende Rosemarie Marx
Öffnungszeiten:	Mi + Sa ab 11.00 Uhr, Sonn- und Feiertage ab 10.00 Uhr
Geschlossen	24., 25., 26. + 31. Dezember
Veranstaltungen:	Oigescherrdes (s.Text) zwischen Weihnachten und Neujahr
Sitzplätze	innen 80 + 35, außen 50
Übernachtung	nein
Spielplatz	ja
Hunde innen erlaubt	ja
Privat anmietbar	ja
Mit PKW erreichbar	ja, Parkplatz 10 Minuten
Rollstuhlgerecht	ja, mit Hilfe
Andere Wanderhütten in der Nähe	** Wanderstützpunkt Schwarzsohl ** NFH Harzofen, Elmstein
Erreichbarkeit	Neustadt Richtung Kaiserslautern, hinter Lambrecht Richtung Elmstein, Abzweigung Esthal. Breitenbachtal; parken beim Klärwerk.
Topographische Wanderkarte	Elmstein/Lambrecht

Weinbiet-Haus 13

Das ist der Wind, Wind, Wind, der Pfälzer Wind..." Der pfeift einem hier auf dem Aussichtsturm mit dem phantastischen Rundumblick (bei klarem Wetter von der Hornisgrinde bis zum Taunus) ganz ordentlich um die Nase. Und er braust im Weinbiethaus aus über 1oo Kehlen, wenn man sich am Dienstag hier zum gemeinsamen Singen einfindet. Ein Erlebnis der ganz besonderen Art wartet auf einheimische und fremde Besucher gleichermassen und wenn Sie als Urlauber in der schönen Pfalz weilen, sollten Sie sich dieses Geschehen nicht entgehen lassen. Im Winter ab 13.00 Uhr, im Sommer ab 14.00 Uhr - aber vergessen Sie nicht, vorher anzurufen und sich die Veranstaltung bestätigen zu lassen. Man weiss ja nie ....

Schon früh füllt sich die behagliche Hütte, wenn sie um 11.00 Uhr öffnet. Über Kaffee oder Tee tastet man sich langsam an die ersten Schoppen heran - schliesslich wollen Sängerkehlen geölt werden. Die auf den Tafeln direkt am Eingang geschriebenen Tagesangebote machen Appetit aufs Mittagessen, das man nach Hüttenmanier am Tresen bestellt, bezahlt und nach Aufruf auch dort abholt. Beste Pfälzer Küche wird geboten, reichhaltig, preiswert und gut - und auch einmal etwas Besonders, wie „saures Kartoffelgemüse“, Sahneheringe und supergut gebratene Schnitzel, wobei „normale“ Esser gut daran tun, die angebotenen kleineren Portionen zu ordern. Bei der kalten Küche dominieren eindeutig die Hausmacher Würste von allesamt guter Qualität. Mein Favorit ist jedoch das Brot mit herrlich zartrosa gekochtem Schinken, wie man ihn geschmacklich leider selten zwischen die Zähne bekommt.

Nach dem Mittagessen kommt Unruhe auf: es naht die Zeit der lustigen Musikanten. Es werden Gitarren gestimmt, Liederhefte verteilt, noch schnell ein Gang zum Stillen Örtchen und dann ist es so weit. Ein Glöckchen erklingt, es wird mucksmäuschenstill, ein Lied wird angesagt und intoniert, die Gitarre gezupft und auf einmal sind alle Hüttenbesucher Mitglied eines grossen Chores. Insgesamt 2 Stunden dauert die „volkstümliche Hitparade“, immer wieder unterbrochen von Wortbeiträgen, meist in Versform, die ein anwesender Gast zur Freude aller Besucher vorträgt.

Nun soll nicht der Eindruck entstehen, dass das Weinbiethaus nur an einem Dienstag besuchenswert sei - das Gegenteil ist der Fall. An jedem Tag pilgern Wanderströme aus vielen Richtungen diese gemütliche Hütte

neben der Wetterstation an, wo es bereits 1908 unter dem 1874 erbauten Aussichtsturm eine „fliegende Wirtschaft" gab. Mit Pferd und Wagen wurde der Wein zu damaligen Zeiten heraufgebracht. Als dann ein paar Jahre später eine feste Bewirtungsstation in Form einer einfachen Holzhütte geschaffen wurde, sorgte ein Esel oder auch ein Hund (!) für den Wasser- und Lebensmitteltransport.

Sie fragen nach dem Namen Weinbiet ? Also, Weinbiet wurde früher ein eckiger Kelterkasten genannt, der das Trauben-Pressgut aufnahm. Im Gimmeldinger-Haardter- Deidesheimer Wald finden sich noch viele alte Grenzsteine mit eingemeisseltem Hoheitszeichen. Einer davon, eine schon 1534 erwähnte Bodenplatte zeigt ein grosses „G" für Gimmeldingen auf, das mit viel Phantasie mit einem Kelterkasten verglichen werden könnte. In einer Urkunde von 1670 wird berichtet, dass man bei Grenzumgängen an dieser Stelle „einen ehrlichen Trunk miteinander getan habe". Die Alten gossen Wein in das Zeichen und die jüngeren Leute mussten daraus trinken. Dann habe man ihnen „das Maul darauf gestossen, also zur Gedächnis", damit die Jungen den Verlauf der Gemarkungsgrenze niemals vergessen würden. Von diesem Stein hat der Berg seinen Namen.

Telefon	06321 - 32596 www.pwv-gimmeldingen.de
Höhe	554 m
Eigentümer	PWV Gimmeldingen Pächterin Carmen Klein
Öffnungszeiten	Sa – Do täglich 11.00 – 17.00 Uhr
Zusätzlich	2. Weihnachtstag, Neujahr
Geschlossen	Freitags, Urlaub 4 Wo vor den Sommer-Schulferien, 1 Woche vor Weihnachten bis 25.12.
Veranstaltungen	** 1. Sonntag im September Waldfest mit Gottesdienst und Blasmusik ** Volkslieder-Singen am Dienstag (s.Text)

Sitzplätze	innen 140 + 30, außen 100
Übernachtung	nein
Spielplatz	ja
Hunde innen erlaubt	ja
Privat anmietbar	nein
Mit PKW erreichbar	nein
Rollstuhlgerecht	nein

Andere Wanderhütten in der Nähe	Oppauer Haus
Erreichbarkeit	Neustadt-Haardt, Parkplatz am Waldrand, ca 1 ¼ Std. Gehzeit oder Kreisstrasse Lindenberg-Wachenheim, Parkplatz „Alte Schanze“, ca 1 Std. Gehzeit
Topographische Wanderkarte	Neustadt/Edenkoben

Burg Spangenberg

14

Es war einmal vor vielen, vielen Jahren, da verliebte sich ein Ritter namens Kaspar ins Kaisers holdes Töchterlein und wie so oft im Leben ward auch diese Verbindung vom gestrengen Vater nicht gut geheissen. Kurzerhand entführte der wilde Kaspar seine Liebste vom Wormser Hof in die Waldeinsamkeit seiner Berge, errichtete flugs auf hohem Fels sein Liebesnest und nannte es „Burg Spangenberg". Damit kein Baumeister und kein Handwerker je den Standort verraten konnte, veranstaltete Kaspar nach vollendetem Bau ein Fest in der Bauhütte, machte die Männer trunken und zündete, als diese am Boden lagen, die Hütte an - Niemand entkam den Flammen. So weit eine der Sagen, die sich um die hochgelegene Burg ranken, die einst mit der benachbarten Burg Erfenstein angeblich durch eine lederne Brücke verbunden war. Auf der Internetseite des Burgvereins kann man sich über Dichtung und Wahrheit detaillierter informieren.

Tatsache ist, dass das genaue Erbauungsdatum und der Bauherr im Dunkel der Geschichte liegt - man vermutet das 11. Jh. und sie gelang zunächst durch Schenkung des Bischofs in den Besitz des Hochstiftes Speyer. Die auf Nachbarfels liegende Burg Erfenstein gehörte den Leininger Grafen. Als später die Eigentümer wechselten, kam es im Verlauf der Weißenburger Fehde im Jahr 1470 zur gegenseitigen Zerstörung. Erfenstein verfiel zusehens, Spangenburg wurde wieder bewohnbar gemacht, im 30-jährigen Krieg erneut zerstört und im Pfälzischen Erbfolgekrieg wurde ihr der endgültige Garaus gemacht. Heute befindet sich die teilrekonstruierte Ruine im Besitz der Stadt Neustadt.

Das romantische Elmsteiner Tal mit stillen und verzweigten Seitentälern wird von bizarren Felsen und Burgruinen umsäumt, wovon die markanteste die auf steil abfallendem Sandsteinfelsen über dem Ort Erfenstein thronende Spangenberg ist. Während man Burg Erfenstein und die talaufwärts liegende Burg Breitenstein nach Teilsanierung und Absicherung dem Unbill der Natur überlässt, kümmern sich um Burg Spangenberg in vorbildlicher Weise die Mitglieder des aus einer Bürgerinitiative hervorgegangenen Burgvereins seit 1971 um Erhalt, Sanierung und teilweisen Wiederaufbau des Burgkomplexes. In uneigennützigem Einsatz wurde so ein historisches Kleinod vor dem sicheren Einsturz bewahrt. Diesem Zusammenschluss ist auch das Anlegen des Drei-Burgen-Rundweges zu verdanken. Er ist sehr gut ausgeschildert, beträgt 7 km mit 3oo m Höhenunterschied, kann von jeder Burgruine aus begangen werden und man sollte schon an die 3 Stunden dafür einplanen.

Nun wollten die Vereinsmitglieder nach der jahrelang geleisteten Arbeit auch so oft wie möglich auf ihrer Burg verweilen und wobei kann man das besser als bei einem ordentlichen Schoppen ? Nachdem man zunächst in der Oberburg das als Vorratskeller unter der Burgküche benannte Gewölbe zur gastlichen Stätte hergerichtet und als solches auch der Öffentlichkeit zugänglich gemacht hatte, durfte der Verein einen Neubau in dem Areal der Unterburg erstellen, um hier eine zünftige Schänke zu errichten.

Die Bauherren haben es verstanden, ein modernes Gebäude innerlich und äusserlich dem Burgcharakter so anzupassen, dass man nicht vermuten könnte, in einer erst 1980 eingeweihten Herberge seine Füsse wohlig unter einen der langen Tische zu strecken. Na, ja - ein bisschen gewollte Rustikalität ist schon in Form von mittelalterlichen Waffen, Pranger und sonstigen Attributen vorhanden, aber schliesslich soll man wissen, wo man ist und sich wohlfühlen - und das tut man ! Mit der dunklen, schweren Balkendecke, der handfesten Möblierung, der gemütlichen Beleuchtung und den Sandsteinen an Wänden und um die Fenster ist ein urgemütliches Burggemach entstanden. Vor der Tür eine winzige Terrasse mit liebevoller Bepflanzung, so dass man mit den alten Burggemäuern und den Felswänden auf du-und-du ist. Bekömmliche Weine werden von den Vereinsmitgliedern, die allesamt einheitliche Schürzen tragen, ausgeschänkt - das Speiseangebot umfasst vorwiegend Pfälzer Leckereien, wie man sie aus fast allen Wanderhütten kennt. Alles in Selbstbedienung und zu reellen Preisen - der Blick ins Tal und auf die Nachbarburg ist sowieso unbezahlbar. Geöffnet ist, wenn die Fahne ins Tal winkt, an Samstagen, Sonn- und Feiertagen.

Ein buntes Spektakel rund um das Mittelalter mit Marktgeschehen, Gauklern, deftigen Genüssen aus der Ritterküche und allerlei Kurzweil findet an 5 Tagen Anfang Juni sowohl unten im Ort als auch hoch auf der Burg statt. Über das genaue Datum sollten Sie sich auf der homepage des Vereins informieren. Ausserhalb der „festen Feste auf der Feste" können zünftige Rittermahle oder ein deftiger Saumagenschmaus ab einer bestimmten Personenzahl gebucht werden. Individuelle Burgführungen im inneren Burgbereich können mit einem Vereinsmitglied durchgeführt werden - um Vandalismus vorzubeugen, ist die Burg ansonsten nur von aussen zu besichtigen.

Telefon	06325 - 2027 www.burg-spangenberg.de
Eigentümer **Betreuung**	Stadt Neustadt. Burgverein Spangenberg Vors. Markus Baumann, Tel. 06222 - 38 53 20
Öffnungszeiten	Samstags 13.00 - 19.00 So + Fei 10.00 - 19.00
Geschlossen	Hüttenferien im Januar
Veranstaltungen	** Grosses Burgfest mit Rittermahl über 5 Tage Anfang Juni ** Individuelle Burgführung nach Anmeldung ** Rittermahle auf Anfrage
Sitzplätze	innen 70, außen 10 (Zustellmöglichkeit)
Übernachtung	nein
Spielplatz	nein
Hunde innen erlaubt	ja
Privat anmietbar	nein
Mit PKW erreichbar	nein
Rollstuhlgerecht	nein, nicht anfahrbar
Andere Wanderhütten in der Nähe	** NFH im Kohlbachtal ** Totenkopfhütte ** Wolfsschlucht-Hütte
Erreichbarkeit	Bundesstrasse Neustadt - Kaiserslautern, Abfahrt Elmstein. In Erfenstein parken (ausgeschildert), Aufstieg zur Burg ca 10-15 Min.
Topographische Wanderkarte	Elmsteiner Tal

Naturfreundehaus

Heidenbrunner Tal

15

Um es vorweg zu sagen: Die Urgemütlichkeit mancher Wanderhütten im Pfälzer Wald oder an der Weinstrasse trifft man bei den allermeisten Naturfreundehäusern nicht an. Sie sind zweckmässig eingerichtet, bieten gediegene Gastlichkeit in oftmals nüchternen Räumen und sind auf Kinder-, Jugend- und Familienfreizeiten eingestellt.

Die im Jahr 1895 ins Leben gerufene Naturfreundebewegung umfasst heute bei 600.000 Mitgliedern weltweit und 115.000 in Deutschland, ein in einhundert Jahren gewachsenes Häuserwerk, wovon allein in deutschen Landen 5oo und in der Gesamtpfalz 36 stehen. Ohne grosse Hilfe durch die öffentliche Hand ist durch Eigenarbeit und mit vielen Mitgliederspenden diese Leistung erbracht worden. Die Naturfreunde bekennen sich ideologisch als Bestandteil der Arbeiterbewegung zu einer demokratisch und sozialistischen Gesellschaftsordnung und treten für Frieden, Abrüstung und Völkerverständigung ein.

Wenn man sich auf die Romantik einer Wald- oder Wanderhütte eingestellt hat, mag man zunächst von dem grossen Haus mit der knallbunten Fahne etwas enttäuscht sein, aber sitzt man erst einmal gemütlich bei einem Gläschen oder zweien, kommt es auf die Hausgrösse nicht mehr an.

Seit 1925 steht das Haus im Heidenbrunnertal, eingebettet in die Steilabhänge des Schauer- und Königsberges, parallel zum wasserreichen Kaltenbrunnertal (siehe nachfolgenden Bericht Nr. 16). Mit etlichen Quellen ist auch das Heidenbrunnertal gesegnet - rings um das Haus ist es recht feucht und an der am Zufahrtsweg sprudelnden, gefassten Stenzel-Quelle spricht man besondere Kräfte zu. Hier sieht man des öfteren Leute gar aus Karlsruhe oder Kaiserslautern kanisterweise Quellwasser abzapfen. Es muss also etwas dran sein an der Geschichte vom Heilwasser - die Entnahme von Quellwasser ist dennoch verboten.

Durch die hervorragende Lage - im Rücken der Pfälzerwald, vor der Nase die Weinstrasse - und die Unzahl der Wandermöglichkeiten werden die Bewohner der umliegenden Städte und Dörfer in das idyllische Tal gelockt; vorrangig an den Wochenenden, während sich Übernachtungsgäste das ganze Jahr über ein Stelldichein geben. In den warmen Monaten wird man gern auf der Terrasse vor dem Haus, seitlich am Waldrand oder auf der grossen Rasenfläche mit Blick auf den Fischteich sitzen wollen. Kindern wird der Spielplatz gefallen und vor allen Dingen die kleinen Bächlein, wo man so herrlich matschen kann.

Der durch Trennwand abteilbare Innen-Gastraum ist gross, denn schliesslich braucht man Platz für die Feriengäste, von denen man über 50 in Mehrbettzimmern aufnehmen kann. Eine besondere Dekoration stellt die Steinesammlung aus vielen verschiedenen europäischen Bergregionen dar. Wer die wohl alle zusammengetragen hat ? Den schwarzen Stein mit der Aufschrift „Matterhorn" hätte ich nicht von selbigem schleppen mögen.

Bei den weiss gekleideten Damen am Schanktisch gibt man seine Bestellung auf und bei der Vielzahl verschiedener Gerichte ist ganz sicher für jeden Geschmack etwas dabei. Selbst Vegetarier haben eine ordentliche Auswahl, die sich nicht nur auf Salate beschränkt, und für die jüngere oder ältere Generation gibt es halbe Portionen.

Heidenbrunner Tal 15

Telefon	06321 - 88169 www.naturfreundehaus-neustadt.de
Höhe	235 m
Eigentümer	Naturfreunde Neustadt Vorsitzender Günter Kolbe
Öffnungszeiten	Täglich ab 10.00 Uhr
Geschlossen	November - März Mo + Die
Veranstaltungen	auf Anfrage
Sitzplätze	innen 160, außen 100
Übernachtung	ja
Spielplatz	ja
Hunde innen erlaubt	ja
Privat anmietbar	nein
Mit PKW erreichbar	ja
Rollstuhlgerecht	ja, Eingangstreppe
Andere Wanderhütten in der Nähe	** Kaltenbrunner Haus ** Heller-Hütte
Erreichbarkeit	Neustadt-Kaiserslautern, gegenüber der Burgruine „Wolfsburg“ links in Siedlerstrasse, bis NFH ausgeschildert. Mit Bus ab Bahnhof Neustadt erreichbar.
Topographische Wanderkarte	Neustadt/Edenkoben/Landau

Kaltenbrunner Haus 16

Sie haben Recht: das Kaltenbrunner Haus ist keine „Hütte", sondern ein Übernachtungs- und Gastronomiebetrieb mit breitgefächertem Angebot bei Selbstbedienung. Weil das Haus aber so wunderschön im Wald liegt, rundum Wanderwege abgehen und darüber hinaus eine bewegte Vergangenheit aufzuweisen hat, habe ich es dennoch in den Hüttenführer mit aufgenommen. Kleine Ausweicher sind doch erlaubt, nicht wahr ? Und wenn Sie schon einmal in der Gegend sind und nicht aus dem Neustadter Raum stammen, dann sollten Sie unbedingt einen kleinen Schlenker durch Neustadt mit seinen historischen Gassen, Plätzen, prächtigen Fachwerkhäusern und vielfältiger Gastronomie machen. Einen Kaffee in der schönen Fußgängerzone zu trinken, ist doch nie verkehrt.

Wie viele Wanderstützpunkte ist auch das Kaltenbrunner Haus aus kleinsten Anfängen hervorgegangen. Um das Jahr 1895 wurden in der Waldeinsamkeit am „Kalten Brunnen" verschiedene Quellen für die

Pfalzbauerei Neustadt gefasst. Als Unterkunft wurde für die Arbeiter eine Blockhütte gebaut, die man wegen der geteerten Fassade auch „schwarze Hütte" (also doch !) nannte. Nachdem die Arbeiten beendet und die Brunnenbohrer das Tal verlassen hatten, wurde von einem Braumeister ebendieser Brauerei in dem Blockhaus am Wochenende ein erster Bierausschank eröffnet, um die Sonntagsausflügler bei ihrem Picknick mit frischem Fassbier versorgen zu können. Später übernahmen die hier untergebrachten Fliegergeschädigten diese Bewirtung, noch später ein Waldhüter, der bis 1954 in der alten Hütte wohnte.

Nach 1957 wurde die Hütte vom Hambacher Förster Emil Friedrich gekauft, ein paar Jahre später bis auf eine steinerne Wand abgerissen und ein festes Haus angebaut. Der Wirtschaftsbetrieb wurde immer aufrecht erhalten. Den jetzigen Neubau aus dem Jahr 1977 erbaute der nachfolgende Sohn mit Familie und im Laufe der Jahrzehnte hat sich aus dem einstigen Picknick-Platz eine Waldgaststätte mit Selbstbedienung entwickelt. Rustikal, recht gemütlich und mit dunklem Holz versehen die Innenausstattung; der abtrennbare Nebenraum erinnert mit seinen ausgestopften Waldtieren und den vielen Gehörnen an die alte Försterherrlichkeit.

Die Küche bietet Pfälzer Kost zu zivilen Preisen und täglich gibt es ein Stammessen, zusätzlich in den Wintermonaten samstags Schweinepfeffer. Beliebt ist der Spießbraten, den es auf Vorbestellung das ganze Jahr gibt. Gut nächtigen lässt es sich in bequemen Doppelzimmern in der Ruhe des Kaltenbrunner Tals mit seinen idyllischen Bischofsweihern.

Und wenn es Ihnen in diesem schönen Neustadter Tal gefallen hat, so ist es zum ebenfalls romantischen Heidenbrunner-Tal mit dem Naturfreundehaus (s. Nr. 15) nur ein Katzensprung.

Telefon	06321 - 84071 www.kaltenbrunnertal.de
Höhe	280 m
Eigentümer	Oliver Friedrich
Öffnungszeiten	Täglich ab 10.30 Uhr, ausser Do
Geschlossen	November-Ostern auch freitags, Mitte -Ende Januar (14 Tage), Weihnachten/Silvester bitte erfragen
Sitzplätze	innen 120, außen 60
Übernachtung	ja
Spielplatz	ja
Hunde innen erlaubt	ja
Privat anmietbar	nein
Mit PKW erreichbar	ja
Rollstuhlgerecht	bitte erfragen
Andere Wanderhütten in der Nähe	** NFH im Heidenbrunner Tal ** Heller-Hütte
Erreichbarkeit	Neustadt-Kaiserslautern, in Höhe der Wolfsburg links ins Kaltenbrunnertal (beschildert). Ca 3 km bis Parkplatz
Topographische Wanderkarte	Neustadt/Edenkoben/Landau

Hellerplatz-Haus

17

Ob es nun tatsächlich kein Bier auf Hawaii gibt, wie Paul Kuhn es in einem alten Karnevalsschlager besingt, ist fraglich. Ganz sicher hingegen ist, dass auf der Heller-Hütte kein Bier ausgeschänkt wird - und das hat seinen Grund. Da das Haus auf ehemals Hambacher Gebiet steht, hat man von eh und je den Hambacher Winzern keine Gerstensaft-Konkurrenz ins Haus holen wollen, und dabei ist es bis heute geblieben. Basta.

Eingebunden in ein Netz beliebter Wanderwege liegt das Hellerplatz-Haus (oder auch Heller-Hütte genannt) auf 478 m Höhe, äusserlich einem noblen Jagdhaus ähnlicher als einer Wanderhütte. Ist man aber erst einmal durch die Glastüre ins Innere getreten, schlägt einem die ganze Gemütlichkeit der Hüttenromantik entgegen. Vorbei an den beiden Ausgabestellen für Ess- und Trinkbares, steuert man einen der beiden ineinander gehenden Räume mit niedriger Balkendecke an, um sich erst einmal einen Platz auf der rundumlaufenden Bank zu sichern. Glückwunsch, jetzt ist das Schwierigste geschafft, denn die rund 70 Sitzmöglichkeiten in den schönen Stuben mit ihren Kachelöfen, der gemütlichen Beleuchtung und dem im besten Sinne altmodischen Holzfussboden sind heiss begehrt. Auf die kleine Kuschelecke, rechts, brauchen

Sie garnicht zu spekulieren - die ist immer und ewig belegt. Ausweichmöglichkeiten gibt es in der Kalmit-Stube im Obergeschoss mit Blick auf die Grosse Kalmit oder in der dem Eingang am nächsten liegenden Neustadter Stube, die auch sehr heimelig ist. Diese Neustadter Stube ist die eigentliche „Urhütte" und von aussen als solche noch sehr gut erkennbar.

Wenn Sie die Geschichte der Hütte interessiert: Am Eingang hängt eine grosse Tafel, die alle Daten der Erbauungschronik preisgibt. Nach der ersten Holzhütte aus dem Jahr 1900 und den vielen Neu- und

Erweiterungsbauten präsentiert sich das Hellerplatz-Haus seit der letzten Baumassnahme im Jahr 1985 im vollsten Glanz. Das Matzratzenlager gibt es nicht mehr für die Öffentlichkeit, sondern nur noch Unterkunftsplätze für das Hüttenpersonal. Auch die Notunterkunft für Waldarbeiter ist verschwunden.

Eine schreckliche Begebenheit ereignete sich in der Silvesternacht 1960/61, als die „Al Capone Bande" aus Lambrecht den damaligen Hüttenwart Karl Wertz erschoss, nachdem die Gangster zuvor in die Totenkopfhütte eingebrochen waren und anschliessend das Heller-Haus überfielen. Vom Lärm aufgeschreckt, wollte der Hüttenwart nach dem Rechten schauen - was ihn sein Leben gekostet hat. Auch heute noch sprechen die altgedienten Hüttler nur mit Grausen über diesen Vorfall.

Hunde darf man leider nicht mit hinein nehmen, was mir ein wenig unverständlich erscheint, denn Platz ist genügend vorhanden. Hundebesitzern ist also zwangsläufig die „Waldstube" vorbehalten, was in der wärmeren Jahreszeit durchaus reizvoll ist. Vielleicht kann man ja den fast handzahmen Siebenschläfer beobachten, wenn er nicht gerade schläft. Der Name „Hellerplatz" konnte mir nicht ganz eindeutig erklärt werden und auch das Internet gab keine Auskunft. Der Hüttenwart Karl-Werner Kolbenschlag vermutet, dass einfach ein heller Platz, also eine Lichtung, gemeint ist - und das würde ja auch passen.

Ein grosszügiges Areal mit mächtigen Buchen und Eichen umgibt das Haus, Sitzmöglichkeiten auf den Terrassen oder im Wald in Hülle und Fülle. Hier findet dann auch an einem Samstag im Juli/August (genauen Termine erfragen oder der Internet-Seite entnehmen) das Sommernachtsfest statt, das mehr einem „Open-Air-Festival" gleicht als einer zünftigen Hüttensause. Jährlich wechselnde Bands werden verpflichtet, für die die Hüttenjugend verantwortlich zeichnet - da ist dann naturgemäss mehr fetzige Musik zu hören als man das landläufig so gewohnt ist. Der wahnsinnig grosse Zulauf gibt dieser Art der Veranstaltung Recht. Um 18.00 Uhr wird die Hütte dennoch geschlossen, aber da die Versorgung der Gäste mit mit Gegrilltem auf Rebenglut und Flüssigem dennoch gewährleistet ist, wird gefeiert, bis „es dem Morgen graut".

Am einfachsten erreicht man das ellerplatz-Haus vom Parkplatz der Totenkopfhütte (siehe dort). Der knapp 30-minütige Fussweg ist fast eben und führt teilweise durch eine heideartige Landschaft. Sehr beliebt ist dieser Weg auch bei den vielen sonntäglichen Mountain-Bikern, was für uns Wanderer auf schmalem Pfad schon manchmal lästig ist.

Telefon	06321 - 4818 www.pwv-neustadt.de
Höhe	478 m
Eigentümer	PWV Neustadt Vorsitzender Heinz Baumann Tel. 06325 -8620
Öffnungszeiten **Zusätzlich**	Sa, So + Fei 9.00 - 18.00 Uhr Sommer-Schulferien Rheinl.Pfalz täglich
Geschlossen	Letztes Wochenende im August, Weihnachtstage (ausser 26.) 31. Dezember
Veranstaltungen	** Sommernachtsfest Juli/August ** Spießbraten im Sommer ** Schlachtfest im Herbst Termine erfragen
Sitzplätze	innen 140, außen 200
Übernachtung	nein
Spielplatz	ja
Hunde innen erlaubt	nein
Privat anmietbar	nein
Mit PKW erreichbar	nein
Rollstuhlgerecht	nein, da nicht anfahrbar
Andere Wanderhütten in der Nähe	**Totenkopf-Hütte **NFH Neustadt, Heidenbrunnental
Erreichbarkeit	Von Elmstein oder St. Martin auf die Totenkopfstrasse. Parken an der Totenkopfhütte, ca 20-30 Min Fußweg.
Topographische Wanderkarte	Neustadt/Edenkoben/Landau

Hohe Loog-Haus 18

Wenn man sagt, man gehe auf die Hohe Loog, meint man zwangsläufig das Hohe-Loog-Haus, eines der prächtigsten Rasthäuser in der Pfalz, das seinem guten Ruf als markanter Wanderstützpunkt und Stätte gastfreundlicher Bewirtung, weit ab von Stadt und Dorf, mehr als gerecht wird. Nie hätten es sich die 12 Hambacher Bürger, die da im April 1906 im historischen Gasthof „Engel" zur Vereinsgründung zusammensaßen träumen lassen, dass 100 Jahre später ihr Gedanke des gemeinsamen Wanderns und der Geselligkeit in einer Vereinigung mit heute über 450 Mitgliedern gipfelt.

Eine kurze Wiedergabe der Chronik: Der felsenreiche Gipfel mit seinem Grenzverlauf zwischen Diedesfelder und Hambacher Gemarkung (Loog = Grenze) schien geeignet, um hier ein Feriendorf zu errichten und man erbaute zunächst eine einfache Vorrats- und Arbeitshütte. Jedoch machte die Inflation nach dem 1. Weltkrieg dieses Vorhaben zunichte. Die kleine Holzhütte blieb in den Nachfolgejahren erhalten und erhielt mit der Erstbewirtschaftung durch den Hambacher Verein im Jahr 1921 eine andere Bestimmung.

Nach Umbau stand das Obergeschoss lange Jahre als Jugendherberge zur Verfügung. Der Strom der Wanderer, die die gastliche Stätte im Wald in grosser Zahl aufsuchten, machten einen Abriss der alten Hütte und Aufbau eines grösseren Hauses schon sehr bald nötig, so dass dieses im Jahr 1934 in Betrieb genommen wurde. In den Wirren des 2. Weltkrieges gab man das Haus für Fliegergeschädigte frei und es diente darüberhinaus als Standort des deutschen militärischen Nachrichtentrupps. Nach Kriegsende blieb die Hütte offen zurück, war nun vogelfrei - und wurde von Rowdies demoliert. Der Wirtschaftsbetrieb konnte erst 1951 wieder aufgenommen werden. Ständige Um- und Ausbauten in den folgenden Jahren lassen die Wanderhütte heute zu einer der meist besuchtesten im vorderen Pfälzer Wald erstrahlen.

Auf dem Papier scheint durch die nun erreichte Grösse des Hauses mit seinen vier Gasträumen und Platz für 250 Besucher die Hüttenromantik verloren gegangen, aber die Verantwortlichen haben es wunderbar verstanden, jedem der Räume durch Kachelöfen, Balkendecken, schönen Lampen und Dekorationen eine individuelle Gemütlichkeit zu verschaffen. Selbst das Erdgeschoss mit seinen geschätzten 180 qm entbehrt nicht einer gewissen Heimeligkeit. Vor der grossen Theke hat man wohl extra viel Platz gelassen, damit sich ordentliche Warteschlangen bilden können, was dann in der Hochsaison auch rasend schnell geht.

In der modernen Küche herrscht Hektik, viele fleissige Hände richten die Spezialitäten für hungrige Wandermägen: Bratwurst, Leberknödel, gut gereifter Handkäse, Hohe-Loog-Teller u.v.m. Supergut ist das Bauernbrot vom Hambacher Bäcker Hofmann, der vor Jahren von der Zeitschrift „Feinschmecker" unter die 1oo besten Bäcker Deutschlands eingestuft wurde. Und immer noch wird die berühmte Vereinssuppe von den Hüttenfrauen selbst gekocht. Die wöchentliche Absprache unter den Köchinnen lautet dann beispielsweise so: „Was machschten du desmol fer die Supp ?" - „Ich richt en Ämer voll geschälte Grumbeere und mach' die Gelleriewe un Suppengriens".

Beeilen Sie sich, wenn Sie diesen deftigen Eintopf geniessen möchten - der Vorrat ist begrenzt.

Bewundernswert, dass noch genügend Reserve für vereinsinterne Aktivitäten bleibt und für das Sommerfest, das bereits um 10.30 Uhr mit einem Waldgottesdienst beginnt und ab 12.00 Uhr mit Livemusik, Tanz und besten kulinarischen Verlockungen bis in den Abend dauert. Und ein „Pre-Fest" gibt es auch, und zwar am Samstag vor dem Sommerfest mit Musik aus der Dukebox, Pfälzer Spezialitäten bis in die Nacht unter dem Sternenhimmel der Hohen Loog und anschliessend Nachtwanderung nach

Hambach. Ein volkstümliches Vergnügen, das man sich nicht entgehen lassen sollte. Natürlich darf das Weinlesefest nicht unerwähnt bleiben. Sie stutzen ? An der Hauswand des Hohe-Loog-Hauses schlängelt sich die höchstgelegenste Weinrebe der Pfalz mit durchaus respektablem Ertrag, und so hoch auf dem Berg (620 m) einfach nur Trauben ernten, ohne daraus ein Fest zu machen - nun, das geht bei den feierlustigen Pfälzern beim besten Willen nicht.

Der Berggipfel gibt nach rechts und links wunderschöne Blicke ins Tal frei. Während man auf der linken Seite Neustadt ausmacht, blickt man von der Terrasse in die Weite. Die mächtige Kupfertafel gibt Auskunft, was unserem Blick da gerade zu Füssen liegt. Nehmen Sie in der Nachmittagssonne Platz auf einer der 2o rustikalen, aus halben Baumstämmen gefertigten Sitzgarnituren, vor sich ein Glas Hambacher Wein und Sie vergessen bei dieser Aussicht Zeit und Raum - versprochen.

Telefon	06321 - 48 00 92 www.pwv-hambach.de
Höhe	620 m
Eigentümer	PWV Hambach Vorsitzender Dr. Peter Saling
Öffnungszeiten	Mi, Sa, So, Fei 9.30 - 18.00 Uhr
Zusätzlich	Sommer- und Herbstferien in Rheinland Pfalz täglich
Geschlossen	24., 25. + 31. Dezember
Veranstaltungen	** Sommernachtsfest im August, Termin erfragen ** Rosenmontag, Faschingsdienstag m. Musik ** Aschermittwoch Heringsessen ** Weinlesefest, Termin erfragen
Sitzplätze	innen 250, außen 200
Übernachtung	nein
Spielplatz	ja, mit naturbelassenem Abenteuerbereich
Hunde innen erlaubt	ja
Privat anmietbar	ja, nach Anfrage
Mit PKW erreichbar	nein
Rollstuhlgerecht	ja, Anfahrt mit Sondergenehmigung
Andere Wanderhütten in der Nähe	** Kalmit-Haus ** Totenkopfhütte ** Hellerhütte
Erreichbarkeit	Von Elmstein oder St. Martin auf die Totenkopfstrasse, Abzweigung Hohe Kalmit. Parken am Parkplatz „Hahnenschritt", ca. 30 Min. ebener, gut ausgebauter Fußweg.
Topographische Wanderkarte	Neustadt/Edenkoben/Landau

Naturfreundehaus im Kohlbachtal

19

Wo sich der Schlotterbach mit dem Bollerbach zum Kohlbach vereinigt, steht eines der urtümlichsten Naturfreundehäuser, das vor ein paar Jahren für seine besondere Hüttenatmosphäre zum „Naturfreundehaus des Jahres" gewählt wurde. Eine besondere Auszeichnung verdienen auch die Aktiven des Lambrechter Vereins, die in unermüdlichem Einsatz mit ihrem Wanderheim ein wahres Schmuckkästchen geschaffen haben und das in seinem Zulauf in etwas abgelegener Waldlage unschlagbar ist. Stösst man in Naturfreundekreisen oftmals auf etwas verknöcherte Strukturen, so empfindet man die Stimmung im Kohlbachtal-Haus als locker und flockig. Grundlage des Erfolges ist auch sicherlich die Tatsache, dass Jung und Alt im Verein hervorragend harmonieren und zusammenarbeiten und dass man auf die stolze Zahl von 80 - 100 Hüttendienstler blicken kann, die hier ehrenamtlich werkeln.

In den vielen Jahren, in denen das Naturfreundehaus besteht, ist viel bewegt worden. Was einst als Edenkobener-Lambrechter Gemeinschaftswerk 1924 einen bescheidenen Beginn nahm, 1952 einen Neuanfang erfuhr, hat nach dem letzten Umbau seinen Höhepunkt erreicht - eine weitere Steigerung wird nicht angestrebt. Hüttenromantik soll auch weiterhin erhalten bleiben. Ich möchte etwas aus der Umbauphase wiedergeben: Es galt zwischen 1986 + 1987 den Uraltbau, Altbau und Neubau unter einem Dach zu vereinigen, und zwar so, dass der gewohnte Anblick nicht verloren ging. Die 80 Frauen und Männer, die am Hausumbau beteiligt waren, leisteten 8.000 freiwillige Arbeitsstunden - sommers wie winters und selbst bei minus 20° wurde weitergeschafft. Als „der Speis auf der Kelle gefror" und die Wasserleitungen zu Eis erstarrten, kam hoffnungslose Verzweiflung auf, denn ein damit verbundenes Problem waren die bewussten „Häuschen", die zwar mit Propanheizern aufgewärmt wurden, aber dennoch. Kaum waren die Herren aufgetaut, erstarrten die Damen wieder zu Halbgefrorenem.

Wenn wir uns heute nach einer ausgedehnten Wanderung durch die Wälder rund ums Kursel-Eck zur gemütlichen Rast niedersetzen, wird uns ein äusserst angenehmer und kostengünstiger Aufenthalt ermöglicht. An Speisen wird hüttenübliches geboten, je nach Küchencrew auch schon mal ein Tagesessen. Bei den Weinen hat man sich für die aus Edenkobener Gemarkung entschieden, sicherlich aus alter Verbundenheit. Die beiden Gasträume sind individuell und wohnlich eingerichtet. Im Kaminraum mit der schönen Stammtisch-Ecke sitzt man unter der Balkendecke etwas enger als im angrenzenden Nebenzimmer. Beide Räume natürlich „rauchfrei". Übernachtungsgästen stehen während den Zeiten, wo das Haus für Tagesgäste nicht geöffnet ist, beide Räume nebst einer geräumigen Selbstkocherküche zur Verfügung. Die Schlafplätze im Obergeschoss sind nach Hüttenart in Mehrbettzimmern untergebracht, mit hellem Fichtenholz sehr ansprechend möbliert und die rot-weiss-karierte Bauernwäsche passt so richtig ins Ambiente. Für späte Herbergssucher hält man im separaten

Häuschen stets eine Notunterkunft mit 4 Betten bereit - keiner wird in die Nacht hinausgeschickt.

Immer unter einem anderen Motto findet das jährlich wechselnde Kinder- und Waldfest statt, Termine bitte erfragen. Das Motto für die Adventsveranstaltung heisst „So weihnachteln wir im Kohlbachtal" und findet seit 2003 unter riesengrossem Zulauf aus der Bevölkerung am 1. Adventswochenende von freitags bis sonntags jeweils ab 18.00 Uhr statt. Da erstrahlt das Naturfreundehaus in märchenhafter Beleuchtung und oben am Hang sind aus hunderten von Kerzen weihnachtliche Symbole ausgelegt. Durch ein Fackelspalier geht es zum Adventsmarkt, eine aufwändig dekorierte kleine Zeltstadt mit wohliger Wärme, die aus urigen Holzöfen strömt. Kunsthandwerker zeigen ihr Können, Musikanten bringen weihnachtliche Klänge zu Gehör und wer genug gesehen hat, tut sich an Gulasch, gegrillten Würstchen oder sonstigen Schleckereien gütlich.

„Ich bin zum ersten Mal hier, weil ich so viel davon gehört habe" sagt eine Frau aus Ludwigshafen „aber es ist noch schöner als erwartet". Das werden sicher auch die vielen Helfer der Naturfreunde gerne hören, denn ihrem immensen Einsatz ist es zu verdanken, dass diese Waldweihnacht' stattfinden kann.

Telefon	06328 - 666
Höhe	260 m
Eigentümer	Naturfreunde Lambrecht Vorsitzende Gabriele Muder, Tel. 06371 - 15768
Öffnungszeiten	** Januar bis Juni und November + Dezember, Sa, So, Feiertage. ** Juli, August + 27.12. bis 01.01. täglich ** Juni zusätzlich Mi, Do + Fr ** Sept. + Okt. zusätzlich Mi
Veranstaltungen	** Waldfest + Kinderfest jährlich im Wechsel (Termin erfragen) ** Waldweihnachten (Termin siehe Text)
Sitzplätze	innen 75, außen 1.000
Übernachtung	ja, Anmeldung bei Frau Göller Tel. 06325 - 980 666
Spielplatz	ja
Hunde innen erlaubt	ja
Privat anmietbar	nein
Mit PKW erreichbar	ja
Rollstuhlgerecht	ja
Andere Wanderhütten in der Nähe	** NFH Elmstein ** Wolfsschluchthütte
Erreichbarkeit	Neustadt Richtung Kaiserslautern, Abzweigung Elmstein. Vor Helmbach am Sägewerk Ri Hornesselwiese. Am Helmbachweiher links, 2,5 km zur Hütte.
Topographische Wanderkarte	Elmstein / Lambrecht

Totenkopf-Hütte

20

Nein - einen schönen Namen hat sie nicht, die 513 m hoch gelegene Totenkopfhütte, direkt an der gleichnamigen Strasse gelegen, die von St. Martin ins Elmsteiner Tal führt. Es gibt viele Vermutungen über die Namensgebung: sie könnte von frühgeschichtlichen Gräbern herrühren, die man vor langer Zeit aufgedeckt hat und von denen man heute nichts mehr Genaueres weiss. Die Nächsten wollen wissen, dass hier im 30-jährigen Krieg, der in der Pfalz für teilweise menschenleere Ortschaften sorgte, die Toten begraben wurden.

Eine andere Geschichte erzählt vom einst nahegelegenen Studerhof, einem Siechenhaus, weit ausserhalb jeder Ansiedlung, wo man die Pestkranken versorgte, von denen man viel später in einer Kalkgrube die Überreste gefunden hat. Der PWV-Ortsvorstand Klaus Mayer gibt wieder, was er von einem Geologen erfahren hat: Totenkopf wird eine Wasserscheide genannt und in der Pfalz würde es sage und schreibe sieben Bergkuppen mit diesem Namen geben. Diese Geschichte wird wohl stimmen, auch wenn sie uns den gruseligen Schauer nimmt. Tatsache ist auch, dass die hiesige Totenkopfstrasse in ihrem jetzigen Verlauf seit 1780 urkundlich belegt und dass schon zu Römerzeiten hier eine Trasse verlaufen ist.

Die Altvorderen kannten die Geologen-Erklärung nicht, denn auf einem Bild der Ursprungshütte erkennt man ausser den Wanderern in Vatermörderkragen und Damen in langen Röcken und grossen Hüten, einen auf dem alten Steinhaus aufgemalten und weit sichtbaren grossen Totenschädel. Betrachen Sie einmal das Foto im Gastraum.19o1, noch bevor sich der PWV in Maikammer-Alsterweiler formierte, wurde dieses kleine Steinhaus aus Mitteln der Gemeinden Diedesfeld und Maikammer erbaut und diente Ausflüglern als Unterstand. Meldete man sein Wanderziel zuvor dem örtlichen Waldhüter (Förster), sorgte dieser dafür, dass man nicht ohne Stärkung ins Tal zurückwandern musste. Ein Vorrat an Wein und Käse war dann immer vorhanden - die erste Wirtschaft auf dem Totenkopf war geboren. Alle sieben Jahre wurde der Waldhüter im Wechsel von den vorgenannten Gemeinden in Dienst gestellt.

Lange Jahre hat das alte Sandsteinhaus mit all seinen Erweiterungsbauten hier gestanden, bis es zwischen 1966 + 1996 endlich so umgebaut wurde, wie es nun zu sehen ist. 1971 hatte man zum ersten Mal fliessendes Wasser auf der Hütte, 1979 wurde die Hütte ans Stromnetz angeschlossen. Wenn man sich ins Nebenzimmer begibt, betritt man den Raum, der früher die alte Hütte war. Drücken Sie einmal im Windfang die Stahltüre beiseite und Sie sehen noch den alten Eingang.

Nun genug von den alten Geschichten, setzen wir uns zu einem Schoppen Wein in die gastliche Stätte, getreu dem Spruch eines lustigen Tischnachbarn „Lieber nén Schoppen in den Kopp, als mit der Frau shoppen". Unter den Augen von zwei Weinköniginnen nimmt man Platz in der grösseren Stube und im Thekenraum wird das bestellt, nach was es einem so gelüstet. Neben der guten und preiswerten Hüttenkost gibt es Flammkuchen und stets frischgebackene Laugenbrezel. Mein Favorit ist der Bauernhandkäse - immer gleich gut durch - mit Zwiebeln und Kümmel, auf

Wunsch zusätzlich mit Essig und Öl. Probieren Sie auch einmal Kaffee oder Tee, einfach köstlich. Das ist damit zu erklären, dass es sich um reinstes Quellwasser handelt, das noch immer von der Johannesquelle im 1,3 km Entfernung herauf geleitet wird. Also: auf dem stillen Örtchen sparsam damit umgehen.

Kommt man nur mit „kleiner Geldbörse" auf die Hütte, so genügt etwas mehr als ein Euro, um nicht vom Fleisch zu fallen. Dafür gibt es eine Bouil-

lon und ein Butterbrot. Wo gibt es das sonst noch ? In der putzigen Vitrine am Tresen wird gezeigt, welche Kuchen heute im Angebot sind und das ewig schiefe Schild zeigt an, auf welche Ablage das schmutzige Geschirr zurückzustellen ist.

In der Totenkopfhütte fühlt man sich rundum wohl - und das ist nicht zuletzt Verdienst der sehr freundlichen Pfälzerwäldler und es funktioniert ganz wunderbar die Symbiose zwischen Jung und Alt.

Totenkopf-Hütte 20

Telefon	06323 - 2764 www.pwv-maikammer.de
Höhe	513 m
Eigentümer	PWV Maikammer-Alsterweiler Vorsitzender Klaus Mayer, Tel. 06321 - 58275
Öffnungszeiten	Sa, So, Feier- und Brückentage 10.00 - 18.00 Uhr
Zusätzlich	Schulferien im Sommer und 5 Wochen im Herbst, täglich 11.00 - 18.00 Uhr
Geschlossen	Von vor Weihnachten bis Mitte Januar
Sitzplätze	innen 180, außen 140
Übernachtung	nein
Spielplatz	ja
Hunde innen erlaubt	ja
Privat anmietbar	nein
Mit PKW erreichbar	ja
Rollstuhlgerecht	ja
Andere Wanderhütten in der Nähe	**Hellerplatz-Haus **Kalmit-Haus **Rasthaus an den Fichten **Hohe Loog Hütte
Erreichbarkeit	Totenkopfstrasse zwischen Elmsteiner Tal und St. Martin, Hütte liegt am Wegesrand, ca 2 km von der Auffahrt zur Kalmit entfernt.
Topographische Wanderkarte	Neustadt / Maikammer / Edenkoben

Kalmit Haus 21

Die Urmutter aller PWV-Hütten ist das Kalmithaus in 673 m Höhe auf gleichnamigem Gipfel, der auch eine Wetterstation und einen Sendeturm auf seinem Buckel trägt. Das Hörfunkprogramm von RPR 1 wird von hier aus gesendet; Funkamateure nutzen Lage und Höhe der Kalmit. Der merkwürdig anmutende Name „Kalmit" kommt von „calvus mons", was kahler Berg bedeutet, sein namentliches Pendant findet man in der „Kleinen Kalmit" weiter südlich bei Ilbesheim - und diese ist nun wahrlich nicht kahl, sondern weist eine ganz wunderbare Flora auf. Unsere grosse Kalmit hingegen ist - vom Donnersberg-Massiv abgesehen - der höchste Berg in der Pfalz mit felsigem Gipfel und ein paar knorrigen Bäumen, und wer ihn vom Tal aus zu Fuss bezwingen will, hat einiges zu tun.

Nehmen Sie die bequeme Zufahrt vom St. Martiner Tal (Richtung Elmstein) oder von Maikammer-Alsterweiler und parken Sie fast auf dem Gipfel. Wenn Sie die Route von Maikammer gewählt haben, versäumen Sie nicht, die Alsterweiler Kapelle, Hauptstr. 5, aus dem Jahr 1845 aufzusuchen, die im Inneren einen schönen Dreiflügelaltar aus dem Jahr 1445 birgt. Auf dem Gipfel angekommen, sollten Sie noch einen kleinen Abstecher zum Felsenmeer (beschildert) machen. Der Weg zur Hütte bequem und kurz, entweder quer durch den Wald oder über die geteerte Zufahrtsstrasse. Nehmen Sie die letztere Möglichkeit und sie können am Wegesrand etliche Felsbrocken bewundern. In rund 10 Minuten ist das Kalmit-Haus dann erreicht.

Bereits 1824 wurde hier zu Ehren des Königs Max von Bayern (die Pfalz gehörte von 1816-1945 zu Bayern - oder war es gar umgekehrt !?) ein Denkmal von Maikammerer und Alsterweiler Bürgern errichtet. Heute sind die beiden Orte zusammengewachsen. Dieses steinerne Zeugnis steht noch heute in voller Pracht vor der Hütte. 1882 kam neben einem kleinen Aussichtsturm eine Schutzhütte hinzu, finanziert aus einer reichen Spende des New Yorkers Hilgard Villard als Reminiszenz an seine Pfälzer Heimat. Schon bald kam die Idee auf, an diesem vielbesuchten Platz eine Verköstigungsstelle für Wanderer aufzustellen und so wurde im Jahr 1908 die **erste bewirtschaftete Hütte** im Pfälzerwald eröffnet. Es war ein Blockhaus von beachtlicher Grösse, das in ganzen Teilen mit Ochsenkarren hinauf transportiert wurde. Noch heute wird von dieser alten Hütte der Schlüssel aufbewahrt, zu sehen in der Vitrine auf dem Weg zur Toilette.

Wer das Haus in seinem jetzigen Glanz bewundert, ahnt nichts von dem langen Weg bis dorthin. Bis 1927 kein fliessendes Wasser, Beschlagnahmung nach dem 2. Weltkrieg, Rückgabe 1953 in zerstörtem Zustand, Teilabriss (erhalten blieb nur das heutige Nebenzimmer), 1957 Neufaufbau und Wiederaufnahme des Hüttenbetriebes (bis dahin nur ein Notdienst in den erhaltenen Räumen), dann 1981 Explosion der Gasleitung und völlige Zerstörung des vorderen Hausteils. Erst im Jahr 1983 konnte der komfortable Neubau in Betrieb genommen werden. Von aussen im rustikalen Blockhausstil gehalten, hat man vom Innenraum eher den Eindruck, es würde sich um eine gutbürgerliche Gaststätte handeln, wenn da nicht die Selbstbedienung wäre.

Beim Hauptraum (der Nebenraum wird nur nach Bedarf geöffnet) handelt es sich um einen großzügigen, winkligen Raum mit heller

Bestuhlung und ansprechender Möblierung. Durch den raumhohen Giebel und die grosse Fensterfront kommt Gefühl für viel Platz auf. Dunkle, tiefergezogene Balken nach Pergola-Art schaffen dennoch Intimität. Zentral in der Mitte ein grosser Tisch für 18 und mehr Personen. An der grossen Theke und in der modernen Küche schafft ein eingespieltes Team - da sitzt jeder Handgriff und es kommt nicht zu langen Schlangen wartender, hungriger Wanderer.

„An jeden Gast e kläni Bitt',
wir han kein Stern,
sin blos e Hütt" (man verzeihe mir mein „pälzisch")

Mit diesen netten Worten bittet man um Verständnis für ein einfaches Speiseangebot - aber hallo, das kann sich durchaus sehen lassen: Wurst- und Käsebrot, Handkäse, weisser Käse, Wurstsalat, Erbsen- und Gulaschsuppe, alles in respektablen Portionen und Qualitäten. Das Weinangebot ist umfangreich und an Bierliebhaber ist auch gedacht. Aufmerksam: es gibt einen Wickeltisch im Sanitärbereich und für die haarigen Freunde steht ein Wassernapf bereit. Neben Ansichtskarten gibt es auch Briefmarken und einen hütteneigenen Postkasten.

In der warmen Jahreszeit (und die ist für Pfälzer, wenn es nicht schneit) wird man wohl die Aussengastronomie bevorzugen: Auf derben Sitzbänken ist Platz für ganz viele Leute und der Blick von des Berges Höh' ist traumhaft schön mit gigantischem Weitblick ins 500 m tiefer liegende Tal, in die Rheinebene, zum Odenwald und in den Schwarzwald.

Telefon	06321 - 5424 www.pwv-luma.de
Höhe	673 m
Eigentümer	PWV Ludwigshafen-Mannheim Vorsitzender Rolf Kobbert, Tel. 0621-791786
Öffnungszeiten	Sa, So, Fei 9.00 – 18.00 Uhr
Zusätzlich	1. 5. - 31.10. auch mittwochs, 2. Weihnachtstag, 31.12. bis 1.00 (!) nachts
Geschlossen	24. + 25. Dezember
Sitzplätze	innen 160, außen 100
Übernachtung	nein
Spielplatz	nein
Hunde innen erlaubt	ja
Privat anmietbar	nein
Mit PKW erreichbar	nein, Parkplatz 10 Min.
Rollstuhlgerecht	nein bzw. Anfahrt nach Genehmigung
Andere Wanderhütten in der Nähe	** Hohe Loog Haus ** Totenkopfhütte ** Hellerplatz-Haus
Erreichbarkeit	Von der Totenkopfstrasse (s. Bericht Nr. 22) oder von Maikammer über Alsterweiler auf der Höhenstrasse zur Kalmit (ausgeschildert)
Topographische Wanderkarte	Neustadt / Maikammer / Edenkoben -

Zeter Berghaus 22

(und Klausenthal-Hütte)

Links unterhalb des Hambacher Schlosses leuchtet das Zeter Berghaus weiss aus dem grünen Blätterdach des Wetterberges heraus und ist schon seit langem ein lohnenswertes Anwanderziel. Der angenehmste Wanderweg führt vom Parkplatz des Hambacher Schlosses in bequemen 20 Minuten hierhin. Eine andere Möglichkeit ist die vom Diedesfelder Klausental aus- entweder den ausgeschilderten direkten Steilanstieg oder gemütlicher vom Klausental-Parkplatz in etwa 2 km, vorbei an der bewirtschafteten PWV-Hütte (siehe unten), später rechts abschwenkend.

Ob so oder so, im Zeter Berghaus wird man mit einem Traumblick in die Rheinebene belohnt und hat die Anstrengungen von vorhin vergessen. Auf dem Weg vom Klausental hoch sind noch die alten Weinbergsterrassen zu erkennen, deren Beackerung den Generationen von Winzern viel Schweiß abgefordert haben - damals, als auf dem ganzen Berg noch Reben standen, eine der wenigen Steillagen der Pfalz. Auch die vom Zerfall bedrohten Sandsteinmauern sind steinerne Zeugen dieser Zeit. Weinbau wird hier in Diedesfelder Gemarkung schon seit über 2000 Jahren betrieben. Im Ort ist das 1601 erbaute Rathaus mit 3 Arkaden und Brunnenhalle sehenswert, ebenso wie das Schlössel, ehemaliger Sitz des bischöflichen Amtsmannes.

Im Weinbau hat auch das Zeter Berghaus seinen Ursprung. 1929 erbaute der Gutsbesitzer Schwarzwälder hier auf 380 m Höhe, direkt neben dem zwischenzeitlich arg verwitterten Wetterkreuz am Ostabhang des Sommerberges eine Schutzhütte für seine Weinbergsarbeiter als Unterschlupf bei Regen und Unwetter. In den späteren Jahren wurde die Schutzhütte als Sommerrefugium umgestaltet. Die Winzerfamilie Zeter übernahm 1956 das Haus auf dem Berg, gab ihm seinen heutigen Namen und begann in den 70-er Jahren mit einem Weinausschank die Bewirtschaftung, die zwischen1986 und 1992 an einen Lehrer überging. So weit zur Geschichte.

Seit 1992 ist der Gastronom André Ingensand um das Wohl der Wanderer bemüht, ohne dass dem Berghaus der Charakter genommen wurde. Immer noch sitzt man auf der Naturterrasse unterhalb des Hauses, die über Treppen zu erreichen ist (ein Balanceakt, wenn man mit vollem Tablett herabsteigen muss) und wirft in der Stille der Natur rundum schnell alle Alltagssorgen hinter sich. Phantastischer Ausblick bis zum Odenwald inclusive. Auch innen präsentiert sich das Zeter Berghaus rein einrichtungsmässig wie eine Berghütte mit Aussicht ins Tal. Schlicht und ohne übertriebene Dekoration die Stube, 4-5 Tische, behäbige Stühle, eine rundumlaufende Bank mit ein paar bunten Kissen, ein alter Kachelofen - und aus. Aufwändiger ist das Speiseangebot, das sowohl den Wanderer mit kleinem Appetit versorgt (Hausmacher, weisser Käse, Handkäse, Flammkuchen etc.), als auch dem Schlemmer eine umfangreiche Auswahl anbietet. Das reicht von der Grillplatte über den Ratsherrentopf, vom 300-gr-Rumpsteak bis zu allen möglichen Schleckereien. Die Weine kommen natürlich vom Hausherrn, dem Diedesfelder Weingut Zeter - so will es der Brauch.

Die Stube betritt man durch einen kleinen Schankraum, in dem sich ein weiterer, grosser Tisch befindet. Als Korkenzieher-Sammlerin (in meiner Weinstube hängen 500 Exponate aus aller Welt an den Wänden) hatte es mir der schöne, alte Tischkorkenzieher mit der interessanten Mechanik angetan. Leider war der Chef nicht bereit, ihn gegen einen flammneuen auszutauschen, den ich ihm „großzügig" angeboten habe. Interessant im Thekenraum sind auch die beiden Tische mit eingelassenen Delfter Kacheln, die bestimmt auch ihren Sammlerwert besitzen.

Wenn die Tagesgäste sich langsam wieder an den Abstieg machen, beginnt für das Berghaus-Team manchmal die zweite Schicht. Das andere Standbein des Betreibers ist die Erlebnis-Gastronomie, die angemeldeten Gruppen beschert wird. Da werden Firmen- und Familienfeiern abgehalten, Trauungen mit Pfarrer durchgeführt, Arrangement wie Fondues, Fakkelwanderungen, Musik- und Tanzabende, Spießbraten-essen, Spielshows etc angeboten. Bis 2.00 Uhr nachts geht es manchmal zur Sache - dann allerdings heisst es „Gute Nacht, Freunde", denn schliesslich geht für den Wirt am nächsten Tag das normale Tagesgeschäft weiter. Dass hier schon kräftig gefeiert wurde, bezeugen die Gästebücher mit lustigen Sprüchen, z.B. „Die Stimmung ist toll, die meisten sind voll".

Wie der Hüttenwirt ausführt, erfreut sich die Berghaus-Ralley oder die Elwedritschejagd ganz besonderer Beliebtheit. Für Fußfaule oder für Leute, die auf dem Hinweg schon ihren Spaß haben wollen, wurde ein Shuttle-Service mit historischem Feuerwehrmobil vom Klausental-Parkplatz zum Zeter Berghaus eingerichtet. Das ist schon eine Gaudi an sich und wenn Sie für Ihre nächste Feier etwas besonders Uriges suchen, dann lassen Sie sich doch mal die umfangreiche Info-Mappe zeigen und schauen Sie sich auf der Internet-Seite um.

Klausental-Hütte

Knapp 2 km Fußweg unterhalb des Zeter Berghauses liegt die verpachtete Wanderhütte des PWV-Diedesfeld, Tel. 06321 - 20177 mit 250 Sitzplätzen innen und 350 im Freien. Geöffnet November bis Ostern mittwochs, samstags, sonntags und an Feiertagen bzw. von Ostern bis November zusätzlich am Donnerstag und Freitag, jeweils ab 10.00. (Angaben ohne Gewähr)

☎	**Telefon**	06321 – 88 438 www.zeter-berghaus.de
	Höhe	380 m
	Eigentümer	Weingut Zeter Püchter André Ingensand
	Öffnungszeiten	April-Oktober Mi-Sa ab 12.00, März Sa ab 12.00, So + Fei ab 11.00
	Zusätzlich	Für Gruppen ab 15 Personen auch ausserhalb
	Geschlossen	Betriebsferien + Weihnachtstage erfragen
	Veranstaltungen	**Hüttenzauber, Elwedritschejagd, Berghausralley (für Gruppen nach Anmeldung) ** Silvesterfeier (Voranmeldung) ** Andere Veranstaltungen Info Internet
	Sitzplätze	innen 40 + Zelt 60, außen 200
	Übernachtung	nein
	Spielplatz	nein
	Hunde innen erlaubt	ja
	Privat anmietbar	nein
	Mit PKW erreichbar	nein
	Rollstuhlgerecht	nein
	Andere Wanderhütten in der Nähe	** Klausentalhütte ** Hohe-Loog-Haus ** Kalmit-Haus
	Erreichbarkeit	Neustadt-Diedesfeld in Weisse-Kreuz-Strasse, durch die Wingerte ins Klausental bis Parkplatz, oder vom Hambacher Schloss (s. Text)
	Topographische Wanderkarte	Neustadt/Maikammer/Edenkoben

Rasthaus an den Fichten

23

Hmmh .... riecht das gut - nach geschmorten Zwiebeln, Knoblauch und Tomaten - hier wird also noch richtig gekocht !

Und tatsächlich: auch in der Speisekarte steht „Sie können sicher sein, ein anständiges und ehrliches Essen zu bekommen, welches mit Liebe gekocht und zubereitet wurde“. Na, also - es geht doch ! Ein Blick auf die Tagesgerichte, die auf Tafeln über der Theke zu lesen sind, geben Geheimnisse aus Omas Küche preis und machen so richtig Appetit. Auch die Standardangebote haben es in sich: Die kalten Vespern erreichen jeden Geschmack und lassen auch geräucherte Forellen und eine formidable Platte mit französischen Rohmilchkäsen nicht aus. Alle Suppen und Eintöpfe sind hausgemacht, die warmen Gerichte umfassen im wechselnden Angebot die Pfälzer Leckereien, Rumpsteaks, Winzer- oder Schweinerü-ckensteaks, Wildspezialitäten, vegetarische Gerichte, Schonkost und das allerschönste ist: es schmeckt wirklich alles und selbst ein simples Leberwurstbrot wird zur Delikatesse. Kuchen hausgemacht und wenn Sie

das Glück haben, dass Frau Wirtin gerade frische Krapfen gebacken hat: zugreifen, die Augen schliessen und geniessen!! Für Kinder gibt es eine spezielle „Wichtelkarte für kleine Waldläufer", wo das Angebot lobenswerterweise einmal nicht aus „Pommes" besteht, sondern aus gesunder Kost.

Obwohl im Rasthaus an den Fichten nicht genächtigt werden kann, gibt es für „Aufgeweckte" ein respektables Frühstücksangebot. Vom süssen Frühstück über Wurst-Käse-Auswahl, Obst, Müsli, Joghurt, Brot + Brötchen, verschiedene Kaffeezubereitungen und Säfte. Gruppen bestellen vor dem Wandertag gern ein üppiges Frühstücksbüffet. Überhaupt ist man auf Gruppen sehr eingestellt. Da können bis zu 160 Personen bei Betriebs- und Grillfesten bewirtet werden, zum Jagdabschluss findet ein Fest statt, Familientreffen für Selbstversorger sind möglich, Nikolausfeste, Kindergarten- und Schulfeste,Dämmerschoppen, Stockbrotbraten, Fondue, Katerbüffet auf Aschermittwoch und noch vieles mehr. Leider gibt es keine hauseigene Internetseite, über die man sich über die Angebote genauer informieren könnte. Aber ein Besuch im Waldhaus, um sich schlau zu machen, ist doch immer ein willkommener Anlass zu einem schönen Ausflug.

Wer steckt nun hinter diesen kulinarischen Angeboten? Beate Kolbenschlag heisst die handfeste, patente und immer gut-gelaunte Hütten„mutti", die seit September 2oo6 mit ihrer Damenriege für eine freundliche Atmosphäre sorgt und wenn ich eine Auszeichnung zu vergeben hätte (ich kenne rund 150 Hütten sehr gut), würde ich Beate im Duett mit Jutta von der Lambertskreuzhütte zu den „Besten Hüttenwirtinnen der ganzen Pfalz" küren. Beate Kolbenschlag ist gelernte Hotelfachfrau und Köchin in einem, die zuvor jahrelang ein Bio-Restaurant geleitet hat, bevor sie den Sprung in die Selbständigkeit wagte. Ohne eine „grüne Hütte" sein zu wollen, stammen einige Produkte doch aus dieser Ecke.

Man ist gern zu Gast in dem wunderschön gelegenen Wanderheim, was auch von weniger Gehgeübten in ein paar Minuten zu erreichen ist. Vom grossen Parkplatz tippelt man vorbei am idyllischen Stauweiher (hier kann leider nicht gebadet werden, aber es gibt einen Barfuss-Pfad) und erreicht zunächst den grossen Spielplatz mit dem daneben liegenden Biergarten und dem Zelt. Andere Aussenplätze verteilen sich neben dem Sandbrunnen bis in den Waldhang. Herrlich hier zu sitzen an einem der schwülen, heissen Pfälzer Sommer-Sonnentagen. Innen bietet die Hütte nichts Spektakuläres, sie ist eher schlicht und praktisch eingerichtet, nett dekoriert (schöne Karo-Gardinen) und mit den zusammengestellten Tischen für grossen Ansturm gerüstet, der auch selten ausbleibt. Ein beliebtes Anwanderziel ist das Rasthaus an den Fichten immer schon gewesen. Man sitzt kommod und kann in den vielen ausgelegten Büchern blättern, Schach spielen oder einfach nur den lieben Gott einen guten Mann sein lassen. Für Leute, die unter sich bleiben wollen - oder grössere Gruppen - gibt es im Untergeschoss, wo sich auch die Toiletten befinden, einen separaten Raum mit zweitem Zugang vom Biergarten aus.

Auf eine lange Tradition kann das Haus nicht zurückblicken, erst 1972 wurde es erbaut, obwohl die PWV-Ortsgruppe sich schon 1908 formierte. Das Original-Gründungsprotokoll hängt in der Hüte aus, verfasst in altdeutscher Schrift. Wenn Sie Lust haben, entziffern sie es - ich kann es noch.

Telefon	06323 – 78 44 www.urlaub-in-rheinland-pfalz.de/ urlaub 15683
Höhe	260 m
Eigentümer	PWV Ortsgruppe St. Martin Pächterin Beate Kolbenschlag
Öffnungszeiten	Mi - So, Feiertage 9.30 - 17.30 Uhr (Winter) 9.30 - 19.00 Uhr (Sommer) (nach Absprache auch länger)
Zusätzlich	24. + 31.12. bis 16.00 Uhr, Oster- und Weihnachtsferien jeden Tag, Faschingsdienstag
Geschlossen	Betriebsferien bitte erfragen
Veranstaltungen	1. + 3. Samstag Schlachtfest, 2. + 4. Samstag bayr. Büffet,

Sitzplätze	innen 130, aussen bis 400 + Zelt
Übernachtung	nein
Spielplatz	ja
Hunde innen erlaubt	ja
Privat anmietbar	nein
Mit PKW erreichbar	ja, Parkplatz 5 Min.
Rollstuhlgerecht	ja, über Rampe

Andere Wanderhütten in der Nähe	** Totenkopfhütte ** Kalmithaus ** Hohe Loog
Erreichbarkeit	St. Martin – Totenkopfstraße – links Parkplatz „St. Martiner Tal"
Topographische Wanderkarte	Neustadt/Maikammer/Edenkoben

Friedens-denkmal

24

Über einem der schönsten Täler der Oberhaardt, dem Edenkobener Tal, erhebt sich auf dem Werderberg das 1899 von Prof. Drumm zur Erinnerung an die Reichsgründung 1871 erbaute Friedensdenkmal. Es zeigt die Kaiserkrone als Zeichen der deutschen Einheit. Nach alten Berichten sind bei der Einweihnung 1899 neben der Bevölkerung aus der Umgebung 14.000 Kriegsvereinsmitglieder mit 12 Sonderzügen nach Edenkoben gekommen!

Die erhöhte Büste von Kaiser Wilhelm wird flankiert von Bayernkönig Ludwig II und dem nachfolgenden Prinzregenten Luitpold. Allegorische Frauenfiguren verkörpern Nord- und Süddeutschland. Unter der Mosaikkuppel sieht man die Wappen aller deutschen Länder.Finanziert wurde das Denkmal seinerzeit mit Spenden aus der Bevölkerung und aus der bayr. Königskasse. Für die damalige Zeit war das Friedensdenkmal eine Touristenattraktion ersten Ranges und wurde zum vielfotografierten Objekt. Bis 1964 war zeitweise sogar ein uniformierter Denkmalwärter angestellt. Aber die kulturhistorische Bedeutung geriet zunehmend in

Vergessenheit. Der Touristenstrom richtete sein Augenmerk auf die Villa Ludwigshöhe und die mit der Sesselbahn erreichbare Rietburg, so dass auch die Gaststätte „Friedenskeller" geschlossen und der Denkmalwärter in Rente geschickt werden musste.

Ende der 8o-er Jahre sollte diesem Zustand ein Ende gesetzt werden und die Stadtväter entschlossen sich zu dem Bau einer neuen Gaststätte und das zwischenzeitlich von der Botanik umschlossene Denkmal freizulegen - es sollten neue Besucher angelockt werden. Das ist nun auch gelungen und das Friedensdenkmal stellt wieder ein lohnendes Ausflugsziel dar. Nachdem sich die Forstverwaltung in den letzten Jahren lobenswerterweise dazu durchgerungen hat, die hochgewachsenen Bäume vor dem Denkmal niederzulegen, ist es nunmehr weithin sichtbar. Unvergleichlich schön ist der Ausblick von oben in die Rheinebene, noch schöner von der über Stufen zu erreichenden Plattform.

Heutzutage erwandert man den Werderberg (benannt nach dem Eroberer Straßburg, General von Werder) zwar aus kulturellem Interesse einerseits, andererseits aber auch, um in die behaglich eingerichtete Waldgaststätte am Friedensdenkmal einzukehren, die vom Weingut Stuber-Fruth gekauft und geschmackvoll umgebaut wurde. Hell, frisch und klar geliedert präsentieren sich die beiden Gasträume mitder grossen Ausschanktheke. Nachdem Familie Fruth das Ausflugsziel jahrelang selber bewirtschaftet hat, sind sie vor einiger Zeit in das geographisch „eine Etage höher" gelegene Forsthaus Heldenstein (siehe dort) umgezogen und die Einkehrstätte verpachtet. Mit Engagement betreibt nun Christian Völlinger mit Familie seit etlichen Jahren das Wanderheim und bietet mit verschiedensten Aktionen mehr als nur Essen und Trinken. Eine Aufzählung der Veranstaltungen würde hier den Rahmen sprengen und man informiert sich am besten über die Internetseite.

Was die kulinarischen Angebote anbetrifft, so liegt man mit der Pfälzer Palette nie verkehrt, kalte und warme Speisen für jeden Geschmack und jeden Geldbeutel, zusätzlich wechselnde Tagesangebote und Spezia-

litäten, z. B. „Schnitzeljagd" oder „Fischers Fritz". Lassen Sie sich überraschen. Pommes rotweiss ist ein weiterer Hingucker auf der Karte und wird die Kinder erfreuen. Bei der Gelegenheit fällt mir eine Begebenheit ein. Als ich vor vielen Jahren auf Mallorca urlaubte und an einer Strandbude etwas essen wollte, kramte mein Mann seine Spanischkenntnisse aus und bestellte in Landessprache das gewünschte. Wir haben das ebenso serviert bekommen wie unser Tresennachbar, der im breitesten Ruhrpottdialekt „Eine Brüh, eine Brat und Pommes rot-weiss" bestellte. Ist wohl international ......

Zu dem hübschen Haus gehört ein grosser Biergarten, ein Grillpavillon und auch der unter dem Denkmal liegende, urgemütliche Gewölbekeller wird nach Voranmeldung für Gruppen geöffnet und bewirtschaftet. Das besagt auch das auf die Tür aufgenagelte Schild mit der Aufschrift „geschlossene Gesellschaft". Dass die Türe von aussen mit einem dicken Vorhängeschloss verschlossen war, hat nicht nur mich belustigt, sondern auch einen Spaßvogel, der mit Kugelschreiber daraus eine „eingeschlossene Gesellschaft" gemacht hat.

Wer den sicherlich stimmungsvollen Jahreswechsel hier verbringen will, sollte sich frühzeitig anmelden - schon ab August seien die Plätze ausgebucht, berichtet der Wirt.

☎	**Telefon**	06323 - 5918 www.pfalzwein-gastronomie.de
	Höhe	350 m
	Eigentümer	Weingut Stuber-Fruth Pächter Christian Völlinger
	Öffnungszeiten	Mo - So ab 11.00 Uhr Kein Ruhetag
	Geschlossen	Betriebsferien 23.-25. Dezember
	Veranstaltungen	Silvesterfeier auf Anmeldung
	Sitzplätze	innen 60 + 60, aussen 110 + 50
	Übernachtung	nein
	Spielplatz	ja
	Hunde innen erlaubt	ja
	Privat anmietbar	entfällt
P	Mit PKW erreichbar	ja, Parkplatz 3 Minuten
	Rollstuhlgerecht	ja (Haus kann angefahren werden)
	Erreichbarkeit	Edenkoben - Klosterstrasse. Kurz vor dem Edenkobener-(Triefenbach)-Tal, rechts hoch Ri Kropsburg. Später links abschwenkend (ausgeschildert).
	Topographische Wanderkarte	Neustadt/Edenkoben/Landau

Naturfreundehaus

Sauermilch-tälchen

25

Das in früheren Zeiten mit 5 Mühlen und Wappenschmieden bestückte Edenkobener Tal gilt als eines der schönsten Täler in der Pfalz und bietet eine unzählbare Vielfalt von Wandermöglichkeiten und etliche bewirtschaftete Waldhütten liegen am Wegesrand (z.B. Hüttenbrunnen, Forsthaus Heldenstein, Amicitia, Nello....).

Dort, wo das Tal eng und schluchtartig wird, zweigt der Weg zum Naturfreundehaus ins wasserreiche Sauermilchtälchen ab. Über den lustigen Namen gibt es einige Spekulationen. Die Gemeinde Böchingen, die den Wald ihr eigen nennt, hat zusammen mit dem Edenkobener Jakob Lang folgende Erklärung: Als in damaliger Zeit nahmen die Waldarbeiter als tägliche Ration gesäuerte Milch mit zur Arbeit und kühlten diese an einer der Waldquellen, damit daraus in der Sommerhitze kein Quark wurde. Die angesäuerte Milch war nahrhaft und gab Kraft für die schwere Waldarbeit - und so soll der Name entstanden sein. Eine andere Geschichte will sagen, dass der Weg von Edenkoben bis ins tiefe Tal so unendlich weit sei, dass buchstäblich „die Milch sauer wird" bis das Ziel erreicht ist.......

Am Fuß des Steigerkopfes stand dereinst eine holzgefertigte Jagdhütte, die ab 1948 den Naturfreunden als Standort mit Waldwirtschaft diente, nachdem man das vor dem Krieg gemeinsam mit den Lambrechter Kollegen errichtete Haus im Kohlbachtal (s. Bericht 19) überlassen hatte. Die Zeichen der Zeit machten auch vor der Blockhütte nicht halt, denn schon schnell erwies sie sich als zu klein. Ein Neubau wurde 1952 erstellt und bis 1983 ständig erweitert, um den gestiegenen Ansprüchen gerecht zu werden. Dem alten Blockhaus zollte man Respekt, indem man es nicht einfach abriss, sondern es hegte und pflegte und heute wird es als kleines, rustikales Ferienhäuschen vermietet. Sie können es gut erkennen: es liegt rechts von dem Steinhaus, direkt gegenüber der bebankten Freifläche. Das Titelfoto des vorliegendes Bandes ist im übrigen vor dieser Ursprungshütte entstanden.

Dem Ursprungsgedanken, Ausflüglern eine willkommene Einkehr zu bieten, ist der Verein bis heute treu geblieben. Ausser einem Ruhetag ist das Haus täglich geöffnet und man empfängt zu Speis' und Trank müde Wanderer oder auch ausgeruhte Autofahrer, die fast bis vor die Theke fahren können.

Die Innenräume sind freundlich und nett dekoriert. Durch die grossen Fenster hat man Blick in den Wald. Vor dem Haus sitzt man in Gottes freier Natur. Für mich ist es ein besonderes Vergnügen, hier mitten im Wald unter den Blicken neugieriger Eichhörnchen und bei vielstimmigen Vogelgezwitscher ein umfangreiches Frühstück einzunehmen, das auch für Nicht-Hausgäste für kleines Geld bis 11.00 Uhr erhältlich ist. Wenn dann das Haus recht bald von Sauerkrautduft umhüllt wird, weiss man, dass die bis zum Abend durchgehend warme Küche eröffnet ist. Außer den Pfälzer Leckereien und guten Schnitzeln wird ein täglich wechselnder Mittagstisch

angeboten, der von gutbürgerlichen über internationale Gerichte eine breite Palette umfasst. Das Angebot „Hackbraten mit Schafskäsefüllung und Paprikadip" erschien dem Stammtisch Pfälzer Urgesteine dann doch zu exotisch und gab Anlass zu grosser Heiterkeit. Dip, dip ....

Alljährlich wird im Juli das sehr beliebte Sommerfest abgehalten, zu dem es bei bodenständiger Musik auch frisch gegrillte Leckerbissen gibt und zu Silvester kann man bei einem kalt-warmen Büffet in das Neue Jahr hinein feiern. Wenn Sie das vor haben und ein Musikinstrument beherrschen, bringen Sie es mit und schnell wird Stimmung aufkommen. Man erinnert sich in der Hütte heute noch gern daran, als vor einigen Jahren einige musikbegeisterte Gäste in die Tasten und Saiten griffen. Und da Pfälzer von Schlachtfesten nie genug bekommen, wird in den Wintermonaten gleich 5 - 6 mal eine Schlachtpartie abgehalten. Da heisst es Ärmel hochkrempeln für die Hüttenmannschaft.

Wenn man in den Anfangsjahren die Hüttenleute noch mit einem täglichen Freischoppen zum Dienst locken konnte, so stehen heute Angestellte es Vereins hinter dem Tresen und in der Küche und sorgen für unser Wohlbehagen.

☎	**Telefon**	06323/1851 www.naturfreunde-edenkoben.de
	Höhe	400 m
	Eigentümer	Naturfreunde Edenkoben 1. Vorsitzender Günter Hanß, Tel.-Nr. 06323/6072
	Öffnungszeiten	Dienstag - Sonntag ab 10.00 Uhr
	Geschlossen	Weihnachtstage, Neujahr sowie Hüttenferien bitte erfragen
	Veranstaltungen	** Waldfest 1. So im Juli ** Mehrere Schlachtfeste im Winter (Termine erfragen) ** Silvesterfeier (Anmeldung) ** Närrisches Treiben Faschingsdienstag
	Sitzplätze	innen 120, außen 250
	Übernachtung	ja
	Spielplatz	ja
	Hunde innen erlaubt	ja
	Privat anmietbar	nein
P	Mit PKW erreichbar	ja
	Rollstuhlgerecht	bedingt, Eingangstreppe
	Andere Wanderhütten in der Nähe	** Hüttenbrunnen ** Forsthaus Heldenstein
	Erreichbarkeit	In Edenkoben über Klosterstrasse-Schänzelstrasse ins Triefenbachtal. Ca 5 km hinter Ortsende links zum Naturfreundehaus (ausgeschildert)
	Topographische Wanderkarte	Edenkoben / Maikammer / Neustadt

Hüttenbrunnen 26

Der Pfälzerwald-Verein hat gut daran getan, als er im Jahr 2oo2 die Eigenbewirtschaftung durch Angestellte aufgegeben und Andrea Schönefeld als Pächterin in sein Wanderheim aufgenommen hat. Seit dem weht ein angenehmer Wind in dem hübsch gelegenen Haus. Die Hüttenwirtin ist flott und freundlich an der Bestellannahme, der Ehemann schmeisst die Küche. Man ist zusammen ein gutes Team und scheut weder vor der langen Arbeitszeit noch vor zusätzlichen Einsätzen zurück.

Zweifelsfrei eine exponierte Lage im Edenkobener Tal - Wanderknotenpunkt mit unendlich vielen Möglichkeiten. Zu erreichen ist die Hütte denkbar einfach. Über die Klosterstrasse in Edenkoben (einst zum salischen Hofgut gehörend) in Richtung Haardt fahrend, erreicht man fast am Ortsende die mächtigen Mauern des ehemaligen Zisterzienser-Klosters Heilsbruck. Seit 1262 hat der Weinbau hier Tradition und als einmaliges Kuriosum in der gesamten Christenheit durften die Nonnen unter der Kirche ihre Weinvorräte lagern. Dieser Weinkeller, der die Kreuzform der Kirche besitzt, wird heute noch als solcher genutzt, in ihm befinden sich ausschliesslich alte Holzfässer. Wenn Sie die Geschichte des Klosters und des jetzigen Weingutes interessiert: www.klosterheilsbruck.com.

Nach den letzten Häusern und einer Privatklinik zur Linken beginnt die Schänzelstrasse. Entweder von hier aus durch das romantische Triefenbachtal, vorbei am tiefer unten liegenden Hilschweiher mit Rudermöglichkeit, Kiosk und Biergarten per pedes oder in wenigen Fahrminuten zur Hütte, die unübersehbar direkt an der Strasse liegt. Der Brunnen an der Hütte steht etwas unterhalb des grossen Parkplatzes, von dem ein neu angelegter Waldlehrpfad abzweigt. Auf der anderen Strassenseite nun das Unterkunftshaus, in dem wir heute gemütlich einkehren können und nichts erinnert mehr an die Querelen der Vergangenheit.

Der Ursprung des Hauses war ein vom Verschönerungsverein 1870 erbautes Steinhaus, das Waldarbeitern und Beerensammlern Unterschlupf bot und das 1929 in den Besitz des PWV's Edenkoben überging, der im übrigen 2003 sein 100-jähriges Bestehen feierte. Da mit Luftschnappen allein den Wanderern nicht geholfen ist, wurde nach Erstellung eines Anbaues mit Küche ein kleiner Ausschank eröffnet - und damit begann ein 10-jähriger Kampf zur Erlangung einer endgültigen Konzession. In der Zwischenzeit behalf man sich mit einer geduldeten Straußwirtschaft und erst seit 1956 dürfen Wanderfreunde an allen Tagen der Woche beköstigt werden. Ein langer Weg und man sieht, dass auch schon zu damaligen Zeiten der Amtsschimmel kräftig galoppiert ist.

Um, neben und hinter dem Haus viele Sitzplätze und viel Natur. Die untere Freifläche grenzt an das kleine Bächlein, wo im Frühling eine unübersehbare Menge gelber Sumpfdotterblumen leuchten und wo bis vor ein paar Jahren noch ein Waldfest stattgefunden hat. Leider ist selbiges eingeschlafen, aber vielleicht wird es irgendwann einmal wieder zum Leben erweckt. Selbst im heissen Sommer sitzt man hier unter Blätterdächern angenehm und vergisst die Hitze weiter unten zwischen den Häusern. Bis 5° Temperaturunterschied sind zu messen.

Mit dem Hauptraum und den beiden Nebenräumen (hier bitte keine Hunde!) ist Hüttenbrunnen eines der grösseren Wanderheime und erfreut sich eines regen Zulaufs. Rucksack-Urlauber finden angenehme Übernachtungsmöglichkeiten in Mehrbettzimmern im Haupthaus, die separate Holzbaracke „Otto-Meyer-Hütte" mit 24 Lagerplätzen wird gern von Jugendgruppen belegt. Für ein ordentliches Frühstück (himmlisch im Freien) wird garantiert, das auch von Nicht-Übernachtungsgästen nach Voranmeldung geordert werden kann. Im übrigen ist man auf Hüttenbrunnen sehr flexibel, was Familienfeiern etc. anbetrifft - man kann gut und preiswert in einem der Nebenräume feiern und mit dem Küchenchef den Speiseplan besprechen.

Die Speisekarte lässt keine Wünsche offen, neben diversen Kaltspeisen und den Pfälzer Spezialitäten gibt es wechselnde Tagesangebote, die aus dem Rahmen fallen, z.B. Rinderbrust oder das seltener anzutreffende Kunschdhäwelfläsch. Pfälzer wissen, was das ist und Nichtpfälzern empfehle ich einfach: probieren. Es schmeckt !

Telefon	06323/2827 www.pwv-edenkoben.de www.huettenbrunnen.de
Höhe	362 m
Eigentümer	PWV Ortsgruppe Edenkoben Pächterin Andrea Schönefeld
Öffnungszeiten	Täglich 11.00 - 19.00 Uhr, Sommer 11.00 - 18.00 Uhr, Winter
Zusätzliche Öffnungszeiten	25. + 26. 12., 1. Januar
Geschlossen	Dienstags, Aug.-Okt. kein Ruhetag Hüttenferien 4 Wochen vor Weihnachten
Veranstaltungen	** Schlachtfeste Okt.-März jeden i.Sa im Monat ** Silvesterfeier
Sitzplätze	innen 70 + 90, außen über 300
Übernachtung	ja
Spielplatz	ja
Hunde innen erlaubt	ja, im Hauptraum
Privat anmietbar	entfällt
Mit PKW erreichbar	ja
Rollstuhlgerecht	ja
Andere Wanderhütten in der Nähe	** NFH Sauermilchtälchen ** Schweizer Haus ** Forsthaus Heldenstein
Topographische Wanderkarte	Edenkoben / Maikammer / Neustadt

Forsthaus Heldenstein

27

Eine der schönsten Auto-Rundtouren im Bereich der Südlichen Weinstrasse führt vom Edenkobener (Triefenbach)-Tal über die Schänzelstrasse ins malerische Modenbachtal auf der anderen Seite des Berges und endet in Burrweiler wieder an der Weinstrasse. Wackere Wanderer können dies' durchaus auch auf Schusters Rappen bewältigen, befinden sich fast am Wegesrand mehrere Wanderhütten, die immer für eine kleine Stärkung gut sind.

Die Schänzelstrasse, die eine blutige Vergangenheit hat, zieht sich in grossen Windungen bis auf 573 m Höhe. Bereits während des 3o-jährigen Krieges lagerten dort Truppen marodierender Soldaten in ihren Schanzen, nach denen Berg und Strasse benannt sind. Trauriger Höhepunkt kriegerischer Auseinandersetzungen waren die Jahre 1794 / 95, als die Truppen Napoleons die Preußen auf den Höhen des jetzt so friedlichen Pfälzerwaldes zurückschlugen.

Ab Wanderparkplatz „Lolosruh" geht es wieder abwärts und man erreicht in wenigen Fahrminuten das prächtige, ehemalige Forsthaus Heldenstein, erbaut 1844. Es ist überliefert, dass ab 1912 die jeweilige Förstersfrau eine kleine Wirtschaft betrieb, wie das in vielen Forsthäusern so der Fall war. Die Tradition endete 1962, die Försterei wurde aufgelöst und das Haus ging in Privatbesitz über, blieb aber immer eine Waldgaststätte - das war Auflage der Forstbehörde.

Sie denken über den Namen „Heldenstein" nach ? Bei den eingangs erwähnten Revolutionskämpfen verteidigten hier rund 4.000 preußische Soldaten unter Befehl des General von Pfau die Stellungen gegen die anrükkenden Franzosen. Nach verlorener Schlacht wählte von Pfau den Freitod; er stürzte sich in seinen Säbel und seine Soldaten zogen geschlagen den Rückzug an. General von Pfau erhielt seine letzte Ruhestätte auf dem Schänzelberg und zur Erinnerung an die tapferen Männer wurde das 5o Jahre später erbaute Forsthaus „Heldenstein" genannt. Heute erinnern mehrere Denkmäler, Rittersteine und Schützengräben an das Gemetzel; Wandertafeln geben Auskunft über die einzelnen Lagen. Wen die Geschichte näher interessiert, dem sei die Broschüre „Die Kämpfe um Edenkoben und das Schänzel während der französischen Revolutionskriege" von Ludwig Schütte empfohlen, zu beziehen über den Heimatbund Edenkoben e.V.

Nun aber genug von kriegerischen Geschichten, halten wir Einkehr im ehemaligen Forsthaus. Seit Januar 2003 hat es nach längerer Pause, Besitzerwechsel und grundlegender Sanierung seine Türen wieder gastlich geöffnet. Abgeschnitten sind die alten Zöpfe, der Muff der letzten Jahre gründlich rausgekehrt. Hell, frisch und freundlich empfängt das Haus seine Besucher. Zur Rechten eine kleine, gemütliche Stube und links der eigentliche Gastraum, übersichtlich bestückt. Naturhölzer bestimmen das Bild, geschmackvolle Fensterdekorationen. Auf viel Schnick-Schnack wurde verzichtet, keine gewollte Rustikalität erschlägt den Gast. Mit viel Liebe zum Detail und viel Geduld hat die Edenkobener Familie Fruth dem alten Haus seinen Glanz wieder zurückgegeben und man fühlt sich als

Gast sowohl im Waldhaus als auch in den schönen Ferienwohnungen einfach gut aufgehoben.

Zurückbesonnen auf Tradition hat man sich allerdings doch: es werden zur Freude der Gäste fast rund ums Jahr Wildgerichte aus heimischer Jagd angeboten und Viele kommen gerade deswegen ins Forsthaus - und somit schliesst sich wieder der Kreis. Mit Speisen auf der Standardkarte bietet man für vielerlei Geschmack etwas an: Gegrillter Schweinebauch, Spaghettis, Pfälzisches, Käsespätzle, Sahneheringe u.v.m. Man weiss zwischenzeitlich nur zu gut, was den Wanderern mundet. Bevor nämlich das Forsthaus in Betrieb genommen wurde, hat der Besitzer die Wandergaststätte „Friedensdenkmal" (siehe dort) gekauft, umgebaut und selbst bewirtschaftet, bevor sie nun anderweitig verpachtet wurde. Man hat also Erfahrung auf dem Gebiet. Die bekömmlichen Weine stammen vom eigenen Weingut und sind für „kleine Marie" zu haben.

Zwischenzeitlich sind auch die Aussenanlagen fertiggestellt und man sitzt ganz wunderbar auf der großzügigen Terrasse und atmet frische Waldluft.

Telefon	06323/949666 www. MUK 24.de (im Info-Film über die Region)
Höhe	473 m
Eigentümer	Peter und Sonja Fruth
Öffnungszeiten	Täglich ab 11.00 Uhr, ausser montags
Geschlossen	Betriebsferien, Weihnachten, Silvester, Neujahr bitte erfragen
Veranstaltungen	keine
Sitzplätze	innen 120, aussen 90
Übernachtungen	ja, 7 FeWos
Spielplatz	nein
Hunde innen erlaubt	ja
Privat anmietbar	nein
Mit PKW erreichbar	ja
Rollstuhlgerecht	ja
Andere Wanderhütten in der Nähe	** NFH Sauermilchtälchen ** Hüttenbrunnen ** Friedensdenkmal ** Amicitia ** Nello-Hütte
Erreichbarkeit	Von Edenkoben über die Klosterstrasse ins Edenkobener Tal. Auf der Höhe ist das Forsthaus Heldenstein
Topographische Wanderkarte	Edenkoben / Maikammer / Neustadt

Siebeldinger Hütte (Geldmünz)

28

Jedes Jahr im September lockt der Ort Siebeldingen an der Südlichen Weinstrasse mit einer kulinarischen Weinbergswanderung - andere Orte im Bereich der Weinstrasse haben mit diesem Publikumsmagnet nachgezogen. Mit ganz anderen Genüssen lockt die Siebeldinger Hütte. Lukullus hat in einer Wanderhütte nichts zu suchen, da will man Bodenständiges: Handkäse, Leberwurst, Schwartenmagen, Fläschknepp - und letztere bekommt man faustgroß in der Geldmünzhütte des Siebeldinger PWVs. Für Nichtpfälzer ganz schnell erklärt: Fläschknepp sind grosse Knödel aus bestenfalls dreierlei, zweimal durchgedrehtem Hackfleisch (Rind, Kalb, Schwein), wie Frikadellen abgeschmeckt und in heisser Fleischbrühe gegart. Zu dieser Spezialität gehört unbedingt eine weisse Sauce mit recht viel frischem Merrettich und Schnittlauch. Dazu Pellkartoffeln und man ist im Himmel.

Noch relativ jung ist der Verein: 1969 an einem Stammtisch entstanden, kam dann die Idee, eine Hütte zu bauen, „damit die Mitglieder sich dort treffen und einen Schoppen miteinander trinken können". So steht's geschrieben. Im Hinterwald durfte es nach anfänglichen Schwierigkeiten dann sein; zwar weitab von der Heimatgemeinde, aber immerhin im Siebeldinger Wald. Wie ist nun zu erklären, dass Siebeldingen in wohl 12 km Entfernung Waldstücke hat ? Da auch dieser Ort in früheren Zeiten keinen Wald besass, sondern nur Äcker und Felder, hatte man Anteil an den Wäldern der Oberhaingcraide im Westen. Die königlich-bayerische Regierung wies 1825 der Gemeinde die jetzigen Flächen zu, wovon eine Gewanne „Geldmünz" hiess. Die Hütte befindet sich im Geldmünztal und oben an der Strasse plätschert der Geldmünzbrunnen. Der Name wurde auf die Hütte übertragen, aber welchen Ursprungs er ist und was er bedeutet, ist nicht mehr nachzuvollziehen. Ich habe mit meinen Fragen danach den Revierförster, einen Heimatforscher und den PWV leider ohne Erfolg genervt.

Bis vor wenigen Jahren war im Tal zunächst ein Pflanzgarten mit Unterstandshütte für die Waldarbeiter und nun sollte hier das Vereinsheim entstehen. Gedacht, getan und seit 1973 werden an Sonn-und Feiertagen Wanderer verköstigt. Vor dem Genuss ist leider oft der Schweiss gesetzt und auch die Siebeldinger Hütte muss man sich erwandern. Eine Vereinfachung ist es, die Taubensuhlstrasse hochzufahren. 2,5 km hinter dem Sportplatz zeigt auf der linken Seite ein dicker Stein den Weg hinunter zur 800 m entfernt gelegenen Hütte. Parkmöglichkeiten sind auf der Taubensuhlstrasse so gut wie keine vorhanden; der nächste Parkplatz ist 1,5 km weiter hoch. Also „wild" geparkt und hoffen, dass es gut geht - aber fassen Sie das keinesfalls als Empfehlung auf.

Die Siebeldinger Hütte ist ein schlichter, gerader Bau mit Holzverkleidung und im Inneren eher zweckmässig eingerichtet, aber wenn sie bevölkert ist, fällt das nicht weiter ins Gewicht. Durch die karierten Gardinen und die halbhohe Holzverkleidung kann man ihr eine gewisse Gemütlichkeit nicht absprechen. Als ich an einem total verregneten Sonntagmorgen mit dem ehemaligen Vorsitzenden und Gründungsmitglied Franz Becker dort verabredet war, dachte ich schon „nun bist du der einzige Besucher" - aber weit gefehlt. Die Hütte füllte sich um die frühe Mittagszeit mit pitschnassen Wanderern, die sich auch vom schlechten Wetter nicht haben abhalten lassen, ihre Lieblingshütte aufzusuchen. War es Zufall? - einige führten Musikinstrumente mit und ganz schnell war der Raum mit fröhlichen Gesängen erfüllt. „Singen und Wandern, da passt eins zum andern" ist sowieso das Hüttenmotto. Die Hüttenordnung hängt derweil an der Wand und ist nur für unentwegte Meckerer gedacht.

Die Toilettenanlagen befinden sich ausserhalb des Hauses, sind vor ein paar Jahren neu erstellt und entsprechen dem heutigen Komfort. Wenn es allerdings im Winter friert und in den Leitungen das Wasser abgelassen wird, muss man mit dem guten, alten Donnerbalken im abgelegenen Häuschen vorlieb nehmen. Nase zu - und hinein!

Draussen vor dem Haus mit dem neu angelegten Weiher hat man eine grössere Freifläche mit 80 Sitzplätzen geschaffen. Die Überdachung mit Wellkunststoff macht die Terrasse zwar einigermassen witterungsunabhängig, aber nicht schöner - ich habe lieber den Himmel über mir. Eine weitere, schnuckelige Sitzmöglichkeit bietet der kleine Freisitz direkt am Haus. Zusammengefasst: keine spektakuläre Hütte, wo der Bär steppt, aber eine fast touristenfreie Hütte mit familiärer Atmosphäre zum Wohlfühlen.

Telefon	06345/7826 www.pwv-siebeldingen.de.vu
Höhe	360 m
Eigentümer	PWV Ortsgruppe Siebeldingen, 1. Vorsitzender Sigbert Wüst, Tel.-Nr. 06345/8578
Öffnungszeiten	Sonn- und Feiertage 9.30 - 18.00 April - Oktober 10.00 - 17.00 November - März (bei sehr schlechten Witterungsverhältnissen bleibt die Hütte geschlossen - vorher anrufen)
Zusätzlich	Nach Vereinbarung
Geschlossen	24.12. - 1. Januar
Veranstaltungen	Keine regelmässigen Feste
Sitzplätze	innen 85, außen 80 und mehr
Übernachtung	nein
Spielplatz	ja
Hunde innen erlaubt	ja
Privat anmietbar	ja
Mit PKW erreichbar	nein
Rollstuhlgerecht	nein, nicht anfahrbar
Andere Wanderhütten in der Nähe	** Böchinger Hütte ** Walsheimer Hütte
Erreichbarkeit	Eußerthal - Ortsende - Taubensuhlstraße (s. Bericht)
Topographische Wanderkarte	Annweiler

Walsheimer Hütte

29

Tief im Pfälzer Wald steht ein Knusperhaus so hübsch und fein ....

Nein, soooo tief im Wald steht sie gar nicht, die Walsheimer Hütte, vielmehr ist sie leicht und einfach in einem gut einstündigen Spaziergang von Eußertal aus zu erreichen. Fahren Sie bis Ortsende, dann rechts an den Forellenteichen vorbei und irgendwo ist dann auch Parkmöglichkeit. Und nun halten Sie sich auf Talweg - immer der Nase nach. Dort, wo der Weg zur Böchinger Hütte rechts abzweigt, bleibt man weiter geradeaus. Leider ist die Beschilderung ziemlich dürftig, lediglich am Anfang des Weges steht ein Hinweisschild und dann noch eines ein gut Teil weiter hoch. Etwas ärgerlich fand ich es bei meinem letzten Besuchsversuch, dass erst nach einem rund 40-minütigem Marsch ein Schild aus dem Dunkeln auftauchte „Walsheimer Hütte heute geschlossen". An einem Sonntag, wohlgemerkt. Hätte man diesen Hinweis nicht direkt zu Beginn des Wanderweges aufstellen können ? Dadurch, dass die Hütte nicht als Telefonnetz angeschlossen ist, besteht auch nicht die Möglichkeit sich vorher zu informieren. Sch ...... ade !

Ursprünglich als private Hütte der Walsheimer Vereine und Bürger gedacht, wurde sie erst 1968 in Privatinitiative erbaut. Alle Einwohner von Walsheim steuerten das ihrige dazu bei - entweder Arbeitskraft oder blanke Taler. In Gemeindeeigentum ist die Hütte im übrigen bis heute. Gern übernahm in späteren Jahren der PWV die öffentlich Bewirtschaftung; zwischenzeitlich wird die Hütte für Wanderer wechselweise durch 5-6 ortsansässige Vereine betreut und die Roschbacher Nachbarn helfen aus. Wie fast überall, hapert es auch hier am begeisterungsfähigen Nachwuchs, der sich zum Hüttendienst meldet und sich für Gotteslohn ein Wochenende um die Ohren schlägt. Und das ist wohl auch der Grund, warum diese wunder-wunderschöne Hütte nur von Ostern bis Ende Oktober bewirtschaftet ist. Äußerst schade, denn gerade hier drängt sich bei der heimeligen Atmosphäre der Begriff „Winterhütte" auf.

Wie schön wäre es, hierhin in eisiger Winterluft zu wandern, um dann einen ordentlichen Schoppen Glühwein zu geniessen - aber so simmert anstelle eines Glühweintopfes nur der Wasserkessel auf dem holzbeheizten Ofen vor sich hin. Niedrig und geduckt präsentiert sich die Walsheimer Hütte in reinster Blockhausweise auf einer kleinen Waldlichtung. In einem Raum drängen sich auf etwas mehr als 4o qm die zwei kleinen Ausgabestellen für Ess- und Trinkbares, die einsehbare Küche, Tische und Bänke. Rustikale Gemütlichkeit durch die niedrige Balkendecke und die Schwartenbretter an den Wänden. Leider wird das Auge durch die Bierzeltgarnituren etwas getrübt - hier wären deftigere Bänke angebracht. Durch die ständig beschlagenen Fensterscheiben mit den rot-weiss-karierten Gardinen fällt kaum Tageslicht, die gasbetriebenen Deckenlampen verbreiten nicht nur Wärme, sondern auch ein schummeriges Licht. An das diffuse Licht hat man sich schnell gewöhnt - für die Luft, die meistens zum schneiden ist, braucht man etwas länger. Die Fenster lassen sich zwar öffnen, aber der allgemeine Hang zu „nur kei' Frischluft" ist gross.

Was soll's ? - im Wald ist frische Luft genug und so sucht man sich erst einmal einen Platz und dann wird man ganz schnell feststellen, dass es sich trotz des jungen Alters bei der Walsheimer Hütte um eine der allergemütlichsten Waldhütten handelt. Hier hat noch kein grosser Massenbetrieb stattgefunden, die Touristen bleiben im Bereich der Weinstrasse - alles ist ruhig und bescheiden im allerbesten Sinne. Der Diensthabende setzt sich gern auf seinen „Chefsessel" und hält einen Plausch mit den Gästen.

Die Preise für Essen und Trinken sind klein, das Angebot überschaubar: Handkäse, Dosenbratwurst, Erbsensuppe und Würstchen, Wurstsalat. Na, ist ja doch gar nicht so wenig.. Hervorzuheben ist, dass es meistens Pellkartoffeln gibt, die wunderbar zu weissem Käse oder Hausmacher Würsten schmekken. Der Renner ist allerdings der ganz phantastische, hausgemachte Kuchen (Bienenstich !!) und der gute Kaffee. Fünf offene Weine von Walsheimer Winzern sind im Angebot, Flaschenbier und natürlich Erfrischungsgetränke. Wen es nach draussen zieht, kann es sich auf der überdachten Terrasse bequem machen oder vor dem Haus auf Bierzeltgarnituren (hier passen sie hin), die man sich allerdings selber zusammenstellen muss. Hinterher bitte wieder fortstellen und nicht die ganze Aufräumarbeiten den (meist älteren) Wochenend-Gastwirten überlassen. Versteht sich doch eigentlich von selbst.

Alles in allem: eine Bilderbuchhütte mit ganz netten „Hüttlern", die ihresgleichen sucht und wenn sie am 31. Oktober in den Winterschlaf fällt, wünschen wir wir nicht nur eine „Gute Nacht", sondern freuen uns auf Ostermontag im kommendem Jahr.

Walsheimer Hütte 29

Höhe 290 m

Eigentümer Gemeinde Walsheim
über Werner Weiß,
Tel.-Nr. 06341/63215

Öffnungszeiten Ostermontag - Ende Oktober
Sonn- und Feiertags
10.00 Uhr - Einbruch der Dunkelheit

Geschlossen Ergibt sich aus den Öffnungszeiten

Veranstaltungen 1. So im August Wald- und Hüttenfest beginnend 10.30 Uhr mit Waldgottesdienst und Kirchenchor.

Sitzplätze	innen 50, außen 50
Übernachtung	nein
Spielplatz	nein
Hunde innen erlaubt	ja
Privat anmietbar	nein
Mit PKW erreichbar	nein
Rollstuhlgerecht	nein

Andere Wanderhütten in der Nähe
** Böchinger Hütte (Pottaschtal)
** Siebeldinger Hütte

Erreichbarkeit Ortsende Eußerthal, rechts in den Wald, vorbei an den Forellenteichen, ca 1 Std., dürftig ausgeschildert.

Topographische Wanderkarte Neustadt / Maikammer / Edenkoben oder Annweiler

Böchinger Hütte (Pottaschtal-Hütte)

30

Das Ende vom Schwein ist der Anfang der Wurst - und Würste, gesotten und gebraten, gibt es reichlich, wenn der PWV zweimal im Jahr zum Schlachtfest rüstet. Im Januar und im Oktober - diese Termine sollten Sie sich vormerken. Schon früh am Morgen füllt sich der Böchinger Wald mit erwartungsfrohen Wanderern; an diesen Tagen kann das Waldhaus von Eußerthal aus mit dem PKW angefahren werden.

In den übrigen Zeiten heisst es: hinwandern und sich wohlfühlen. Zunächst einmal ist das Auge von dem äusseren Erscheinungsbild gefangen. Dort, wo früher eine Waldschule für heranwachsende Bäume, also eine Schonung, war und wo für die Arbeiter eine Schutzhütte stand, haben sich die Böchinger Wanderfreunde angesiedelt und aus dem einstigen Unterstand das schmucke Blockhaus mit tiefgezogenem Dach und leuchtend weissen Markierungen an den Kopfenden der Balken entstehen lassen. Das junge Alter von 40 Jahren sieht man diesem Haus nicht an, es scheint vielmehr so, als hätte es immer schon an dieser Stelle gestanden.

Man nennt die Wanderhütte auch „Pottaschtal-Hütte" und manch Einer sinnt wohl über die Namensgebung nach. Ehrlich: mir fiel bei „Pottasche" auch nur die Weihnachtsbäckerei ein. Das Lexikon gab Auskunft: Pottasche, eine Kalium-Verbindung, wurde in früheren Zeiten aus Holzasche gewonnen und diente zur Seifen- und Glasherstellung. Vermutlich hatten die Äscher hier im Wald auch ihre Unterkünfte. Von vielen Seiten kann man die Böchinger Hütte anwandern und deshalb ist sie wohl bei vielen Wanderfreunden so beliebt. Eigentlich müsste es „Hütten" heissen, denn ausser der Haupthütte gibt es noch einen überdachten und mit Tischen und Bänken bestückten Unterstand, der witzigerweise „Gut Stubb" benannt ist und eine Nebenhütte mit fünf Bierzeltgarnituren und einem Holzofen. Rund um das Ensemble ist massig Platz und in den Herbstzeiten sieht man Pilzsammler aus allen Ecken des sehr pilzreichen Waldes kommen, die dann unter den fachkundigen Augen anderer Sammler ihre Schätze ausbreiten. Die Kinder sind auf dem grossen und interessanten Spielplatz mehr als gut aufgehoben und der Brunnentrog neben der Hütte ist ein weiterer Anziehungspunkt.

Im Hauptgebäude, das auch die Toilettenanlage beherbergt, sind es zwei niedrige, ineinandergehende Räume, in denen man es sich gemütlich machen und sein „Näsel ins Gläsel" versenken kann. Vollkommen mit Holz ausgekleidet und mit wärmespendenden Öfen ausgestattet, kommt der rustikale Hüttencharakter deutlich zum Vorschein. An der Theke stellt man sich in Zweierreihen auf - links für die Getränke, rechts für's Essen. Da kann es schnell zu einem schönen Durcheinander kommen, wenn man die Schilder nicht rechtzeitig liest - dann bitte schnell umrücken. So richtig billig und gut ist es auf der Böchinger-Hütte, unschlagbar die Preise für weissen Käse oder ordentlichen Handkäse; auch die deftigen Leberknödel mit Sauerkraut sind nicht zu verachten. Der Wein kommt aus der Böchinger Gemarkung - schliesslich weiss man, was man den Ortswinzern schuldig ist - und mundet allemal. Das Kuchenangebot ist meist zu gering und daher schnell vergriffen.

Am Wege zur Böchinger Hütte

Ob die Androhung auf dem Schild über der Ausgangstüre „Türe zu - oder Hammer ins Kreuz" jemals in die Tat umgesetzt wurde, glaube ich den fröhlichen Pfälzern nicht. Dennoch habe ich vorsichtshalber die Türe ganz fest hinter mir verschlossen.

Böchinger Hütte 30

Internet	www.boechingerhuette.de
Höhe	320 m
Eigentümer	PWV Ortsgruppe Böchingen Geschäftsführer Bernd Mayer
Öffnungszeiten	Sonn- und Feiertage 10.00 - 18.00 im Sommer, 10.00 - 17.00 im Winter
Geschlossen	Weihnachten bis nach Neujahr
Veranstaltungen	** Schlachtfest jeweils letztes Wochenende Januar + Oktober ** 3 x Waldmenue des Männerkochclubs "Rosarium", Termine nach Abfrage
Sitzplätze	innen 60 + 40, außen 200
Übernachtung	nein
Spielplatz	ja
Hunde innen erlaubt	ja
Privat anmietbar	nein
Mit PKW erreichbar	nein, nur an den Festen
Rollstuhlgerecht	Zufahrt nur an Festen
Andere Wanderhütten in der Nähe	** Walsheimer Hütte ** Ramburgschenke
Erreichbarkeit	Ortsende Eußerhal, vorbei an Forellenteichen, a.d. Gabelung zur Walsheimer Hütte, rechts (insgesamt 1 Std.) hoch oder von Ramburg-Schänke bergauf-bergab ca 1,5 Std.
Topographische Wanderkarte	Annweiler

Ramburg-Schenke

31

„Ich fühle mich manchmal wie daheim in der Pfalz - die Damen am französischen Hof sind jeden Abend sternhagelvoll und mein Sohn hat eine Maitresse, die säuft wie ein Bürstenbinder". Diese Worte schrieb die von Heimweh geplagte Lieselotte von der Pfalz an ihre Familie in Heidelberg. Keinesfalls soll mit der Wiedergabe dieser Worte den Rambergern zu nahe getreten werden .... wenngleich es an anderer Stelle heisst „Scheltet nicht der Bürstenbinder ob des kolossalen Durst; denket doch, ihr lieben Kinder, an den Staub in Haar und Borst". Muss an dem Ruf also doch etwas dran (gewesen) sein.

Das alte Bürstenbinderdorf Ramberg liegt in einem idyllischen Seitenteil der Queich. Einst wohnten hier Menschen, die sich als Bürstenbinder kläglich durchs Leben schlagen mussten, denn die wenigen sauren Wiesen am Bach und ein paar Kartoffelfelder gaben keinen Wohlstand her. Das sehr sehenswerte Bürstenbindermuseum im Dorf berichtet über die schwere Arbeit dieser Handwerker und die Spuren der fahrenden Händler lassen sich bis England und Polen nachweisen. Den Ruf als „Bärschtebinner"-Dorf hat Ramberg bis heute behalten, auch wenn sich aus der grossen Zahl der Besenbinder mal gerade vier traditionelle Fabriken erhalten haben. Den guten Ruf als sehr fremdenfreundliche Gemeinde, die darüberhinaus auch sehr feierfreudig ist, hat Ramberg ohnehin weg und wer einmal am 2. Juli-Wochenende die Kirchweih' im Dorf oder das Sängerfest unterhalb der Ramburg mitgemacht hat, weiss, wovon ich rede.

Die Ramburg wurde um 1160 von Kaiser Friedrich Barbarossa als Schutzburg für die Reichsfeste Trifels erbaut. Die Ritter von Ramberg residierten hier 36o Jahre lang und dienten dem Kaiser als Mundschenk. Nach wechselhaften Besitzverhältnissen, Bauernkrieg, Verwüstung und Blitzschlag wurde die einst so stolze Burg im 30-jährigen Krieg geplündert, aber nicht zerstört und war bis 1638 als Amtssitz bewohnt, geriet jedoch immer mehr in Verfall. Zu Beginn des 18. Jh. wurde sie als Steinbruch genutzt und noch bei so manchem Haus im Tal sind Steine von der Ramburg vermauert. Die Überreste dämmerten bis vor 4o Jahren still vor sich hin.

Der Männergesangverein „Harmonie" erweckte die Ramburg 1971 aus ihrem Dornröschenschlaf. Zwar nicht mit dem Prinzenkuss, sondern mit Axt und Säge, Schaufel, Hacke und Maurerkelle. In wohl einmaliger Leistung widersetzten sich die Ramberger Männer in 15.000 (!) freiwilligen Arbeitsstunden dem totalen Verfall ihrer Burg. Da wurden tonnenweise Geröll entfernt, Mauerreste saniert, Treppen freigelegt, der einmalige Felsenkeller mit der tollen Akustik wieder zugänglich gemacht, die mächtige Schildmauer saniert, verschüttete Brunnen ausgegraben, neue Zugänge geschaffen .... und noch so vieles mehr. Die Pflege und Erhaltung der für die Öffentlichkeit nunmehr gefahrlos zugänglichen Burgruine haben sich die Ramberger auf ihre Sängerfahne geschrieben. Hut ab.

Nun wären wir beim eigentlichen Thema des Hüttenführers angekommen: An allen Wochenenden und Feiertagen können sich Wanderer hier bei Speis' und Trank von den Strapazen des Aufstieges erholen. Obwohl ganz hüttenübliche Selbstbedienung angesagt ist, geht mir das Wort „Hütte" bei diesem modernen Anwesen nur schwer von der Feder. Wiederum

in unbezahlter Arbeitsleistung wurde das Sängerheim zwischen 1974 und 1977 von 134 Mitgliedern errichtet. Gearbeitet wurde nur samstags, dafür aber ohne Unterbrechung sowohl im Sommer als auch im Winter.

Man hatte hier quasi auf dem Vorplatz der Burg einen guten Standort, um ein grosszügiges Haus für Ausflügler zu errichten. Innen im Stil der 70-er Jahre hell, freundlich und schnörkellos gehalten, die Decke holzbeplankt und hälftig bis zum Spitzgiebel offen, ist das absolute Schmukkstück der grosse, offene Kamin. Dieser geht im Winter nie aus und ist zur Adventszeit besonders liebevoll mit einer grossen Krippe dekoriert. Da leuchten nicht nur die Kinderaugen.

Der runde Tisch ist schnell belegt, denn was gibt es Schöneres, als mit einem Schoppen hausgemachtem Glühwein in der Hand in die knisternden Flammen zu schauen. An der offenen Feuerstelle fühlt man sich in Ritterzeiten zurückversetzt und es schliesst sich der Kreis, wenn hier in geselliger Runde etwas ausgeschänkt wird und wenn Sie die Geschichte vom bitterbösen Ritter Einaug', der auch auf Burg Neu-Scharfeneck sein Unwesen getrieben hat, interessiert, fragen Sie in der schönen Ramburg-Schenke (auf das „e" wird Wert gelegt) einfach nach - oder durchforsten Sie das Internet.

Ramburg-Schenke 31

Telefon	06345/7865 www.mgv-ramberg.de
Höhe	420 m
Eigentümer	MGV Harmonie Ramberg Vorsitzender Roman Weissgerber, 06345-8235
Öffnungszeiten	Samstag, Sonntag, Feiertag 10.00 - 17.00/18.00 Uhr
Zusätzlich	In den Herbstferien und zw. Weihnachten und Neujahr täglich. Sommerferien täglich ausser Mo + Die
Geschlossen	Keine Hüttenferien
Veranstaltungen	Einmaliges Sängerfest am Juni (an dem Sonntag, der dem 24. am nächsten ist) mit Hüttenzauber vor und in der Hütte.
Sitzplätze	innen 70 + 30, außen 80
Übernachtung	nein
Spielplatz	ja
Hunde innen erlaubt	ja
Privat anmietbar	nein
Mit PKW erreichbar	nein
Rollstuhlgerecht	ja, mit Sondergenehmigung Vorfahrt zur Hütte
Andere Wanderhütten in der Nähe	** Dernbacher Haus ** Waldhaus Drei Buchen ** Böchinger Hütte
Erreichbarkeit	Von Burrweiler (Weinstrasse) durchs Modenbachtal nach Ramberg. Am Ortseingang scharf rechts am grossen Stein zur Burg hoch. Parken im Wald, ca 25 Min. auf ebenem Weg zur Hütte.
Topographische Wanderkarte	Neustadt/Edenkoben/Landau

Waldhaus Drei Buchen

32

Wenn in der Erstausgabe des HüttenZaubers aus dem Jahr 2003 euphorisch davon berichtet wurde, dass die PWV-Ortsgruppe Ramberg keinerlei Nachwuchssorgen hat und dass man über genügend Freiwillige verfügt, die den Hüttendienst hoch halten, so wurde kurze Zeit später danach doch alles auf den Kopf gestellt. Bedeutet: die Vorstandschaft hatte sich dazu entschlossen, das schöne Waldhaus Drei Buchen an Gastronomen zu verpachten.

Nach einigen Anlaufschwierigkeiten, einen geeigneten Mieter zu finden, ist es nun seit Mai 2oo4 die junge Familie Bamesberger aus dem nahen Frankweiler, die hier mit Schwung und Engagement die Wanderer bewirtet. Aus dem elterlichen Restaurant haben sie genügend Erfahrung mitgebracht und ein frischer Wind weht jetzt durch die Räume. Pflanzen und Blumen vor dem Haus, liebevolle Dekorationen auf Tischen und Wänden verraten die Frauenhandschrift, die hübschen Gardinen stimmen fröhlich.

Was hat sich geändert? Nichts ! Das Haus steht immer noch an gleicher Stelle mitten im Wald, die Sitzplatzkapazität ist gross, aus den beiden Räumen ist einer zu machen und der Parkplatz auf der Bergkuppe ist immer noch nur 3 Minuten entfernt. Geändert haben sich die gästefreundlichen Öffnungszeiten und das stark erweiterte Speiseangebot. Zur Hüttenkost - die ja nun wirklich auf keiner Hütte fehlt - gesellen sich Tagesangebote wie Käseknödel, Frikadellen, Herzpfeffer, Wildgerichte, freitags oftmals Fisch. Bei meinem Besuch wurden die allseits beliebten Fleschknepp von Hand geformt und bereits vier Töpfe mit siedender Brühe standen auf dem Herd. Obwohl gerade üppig gefrühstückt, lief selbst mir das Wasser im Mund zusammen.

Das Waldhaus Drei Buchen (nicht zu verwechseln mit gleichnamigen PWV-Haus in Pirmasens, s. HüttenZauber II) war immer schon und zu jeder Jahreszeit eine beliebte Anlaufstation, die einen riesigen Strom durstiger und hungriger Waldläufer angezogen hat. Inmitten eines schier unbegrenzten Wandernetzes, auf der Kuppe zwischen Modenbachtal und dem Ramberger-Dernbacher-Tal gelegen, pilgern allwöchentlich zumindest an den Wochenenden Hunderte an den Ort der Gastlichkeit. Allein die Ausmasse der Parkplätze sprechen Bände und an so manch' schönem Sonntag im Herbst findet man keinen Stellplatz.

Die Umgebung bietet neben den unzähligen Wandermöglichkeiten auch besuchenswerte Burgruinen, die allesamt eine lange Geschichte erzählen könnten. Ob es die Burg Meistersel, die Ramburg oder die gut erhaltene Burg Neuscharfeneck ist, jeder Aufstieg lohnt sich. Aber auch andere Hütten können angesteuert werden - und was gibt es denn wohl Schöneres, als von Hütte zu Hütte zu wandern ? Ich selbst bin kein grosser Wanderer vor dem Herrn, aber meine Lieblings-Rundwanderung möchte ich Ihnen doch näher bringen.

Nach einleitender Stärkung im Waldhaus Drei Buchen geht es gemächlich, leicht ansteigend und mit wunderschönen Blicken ins Nachbartal und auf die Ramburg, zur Burgruine Neu Scharfeneck, eine der interessante-

sten Wehranlagen in der Pfalz. Mitte des 13. Jh. erbaut, wurde sie 1525 im Bauernkrieg geplündert und niedergebrannt.

Die wiederhergestellten Gebäude überlebten jedoch den 3o-jährigen Krieg nicht. Dem Zauber dieser grandiosen Burganlage kann sich wohl niemand entziehen. Weiter führt der Weg hinter der Ruine abwärts zur Landauer Hütte (Einkehrgebot !) und im weiten Bogen über die Schutzhütte „Dreimärker" wieder zurück zum Parkplatz. Einen letzten Einkehrschwung in's Waldhaus und dann den Tag bei einem guten Schoppen, Limburger Käse mit Äpfeln, Zwiebeln, Essig und Öl ausklingen lassen.

Telefon	06345/93282
Höhe	400
Eigentümer	PWV Ramberg Pächterin Andrea Bambesberger
Öffnungszeiten **Zusätzlich**	Mi - So und Feiertage ab 11.00 Uhr September + Oktober täglich, (1. + 2. Weihnachtstag bitte erfragen)
Veranstaltungen	keine
Geschlossen	3 Wochen im Januar
Sitzplätze	innen 130, außen 120 + 200
Übernachtung	nein
Spielplatz	ja
Hunde innen erlaubt	ja
Privat anmietbar	entfällt
Mit PKW erreichbar	ja (Parkplatz 3 Min.)
Rollstuhlgerecht	ja
Andere Wanderhütten in der Nähe	** Amicitia-Hütte, *** Nello-Hütte ** Dernbacher Haus ** Ramburg-Schenke
Erreichbarkeit	Von Burrweiler (Weinstrasse) – Ramberg. Im Modenbachtal Abzweigung nach Ramberg. Auf der Kuppe Parkplatz. Hütte 5 Minuten.
Topographische Wanderkarte	Neustadt/Edenkoben/Landau

Amicitia-Hütte 33

Wo ist der Schwiegervater mit Schwartenmagen verwechselt worden ?
.... In der Amicitia-Hütte !

Wo hat man erst vor einiger Zeit in alten Schriften entdeckt, dass der Verein eigentlich ein Jahr älter ist und wo befeiert man dennoch das jünger Datum ?
.... In der Amicitia-Hütte !

Im Jahr 1920 fanden sich in einer Gaststätte in Landau 2o Männer zusammen, die zunächst einen Gesellschaftsverein gründeten, der dann ein Jahr später als Musik- und Wanderclub eingetragen wurde. Der klangvolle Name „Amicitia" war geboren.

Auf Weyherer Gemarkung wurde in einem Seitental des Modenbachtales noch im gleichen Jahr „bei den sieben Quellen" ein Plätzchen für eine Schutzhütte gefunden. Noch heute plätschern die Quellen zur Freude der Kinder um das Haus; je nach Witterung ist es mal mehr und mal weniger Wasser. Zu einem festen Waldhaus wurde die Schutzhütte dann recht bald in den Jahren 1925/27 umgebaut, so dass man auch jetzt Spaziergänger empfangen und bewirten konnte, die sich in immer grösser werdender Zahl einstellten. Damals wurde das Essen noch mühsam mit einem Handwagen von Landau hergeschafft und wer die Strecke einmal zu Fuß zurückgelegt hat, der weiss von der Mühsal. Das Vereinsziel hiess Pflege und Verbreitung von Hausmusik und gipfelte in der Gründung eines Mandolinenorchesters und konzertante Auftritte gehörten zum festen Bestandteil.

Der Verein blühte und gedieh, bis auch hier die Braunhemden zuschlugen und das Haus requirierten. Wie Hohn mutet es an, dass dem Amicitia-Bund im Jahr 1948 angeboten wurde, das zuvor eigenhändig erbaute und nun verwüstete Vereinsheim wieder zurückzukaufen. Der ehemalige Ehrenvorsitzende, Hans Burg, erinnerte sich schmerzhaft noch gut an die schlaflosen Nächte, weil er seinerzeit die monatliche Rate für den Rükkkauf von DM 50,-- nicht aufzubringen wusste. Nun, es klappte doch irgendwie und das Vereinsleben wachte nach der Zwangspause wieder auf, die Bevölkerung entdeckte das Wandern als neuen Freizeitspaß und der Wirtschaftsbetrieb im Waldhaus wurde der wachsenden Gästezahl gerecht. Es wurde die Hütte ständig erweitert, verbessert und den modernen Anforderungen angepasst - „die Amicitia" war Ziel vieler Sonntagsausflügler und durch den bequemen Zugang auch bei Familien mit Kindern sehr beliebt.

Heute sieht die Sache leider anders aus - man hat viele Sorgen in den Reihen der Verantwortlichen. Nicht nur, dass umfangreiche gesetzliche und steuerliche Vorschriften den Betrieb zunehmend erschweren, es ist auch eine Vereinsmüdigkeit und eine Überalterung der Mitglieder eingetreten. Es fällt immer schwerer, Freiwillige neben ihrer täglichen Arbeit zum Hüttendienst zu aktivieren und so sind es halt immer wieder die selben, die sich im Lauf eines Jahres die Wochenenden um die Ohren schlagen. Man sieht mit bangen Augen in die Zukunft und sagte ganz offen „Unser Hüttenpersonal braucht Hilfe - uns steht das Wasser bis zum Hals".Hinzu kommt, dass der grosse Zustrom von Wanderern ausbleibt, da die Hütte nicht an einem Fernwanderweg, sondern in einer Sackgasse

liegt - wenngleich auch sehr idyllisch mitten im Wald, im letzten Zipfelchen des romantischen Meisentales.

Die Hütte ist in ihrer Grösse überschaubar und Platz für 80 Besucher ist allemal. Bier, Erfrischungsgetränke und Weine aus dem Bereich der Südlichen Weinstrasse holt man sich am Tresen; das Speiseangebot ist hüttenüblich und die deftige Erbsensuppe lecker und satt machend. Hervorragend schmeckt der Kaffee, weil er mit weichem Quellwasser frisch aufgebrüht wird. Auf das alljährliche Waldfest an einem Sonntag nach Pfingsten wird trotz aller Schwierigkeiten nicht verzichtet und an ihrem beliebten Schlachtfest an einem Oktober-Samstag halten die Hüttler verbissen fest. Dann gehört die Küche dem Hausmetzger und Schlachtplatte, Hausmacher und Kesselfleisch warten auf hungrige Mägen.

Ach, ja - die Sache mit dem Schwiegervater ....

Der damalige Vorsitzende der Naturfreunde Landau fragte einen doch recht schwerhörigen Amicitianer, ob sein Schwiegervater am heutigen Sonntag schon da gewesen sei. Antwort: „Nein, der Schwartenmagen ist noch nicht fertig"

Telefon	06323 – 76 72
Höhe	317 m
Eigentümer	Musik- und Wanderclub Amicitia eV, LD Vorsitzender Klaus Westermayer, Tel. 06348 – 7161
Öffnungszeiten	März – November Sa ab 14.00 So + Fei ab 9.30
Veranstaltungen	** Waldfest an einem So nach Pfingsten ** Schlachtfest Ende Oktober, Samstags (Genaue Termine erfragen)
Sitzplätze	innen 80, außen 300
Übernachtung	nein
Spielplatz	ja
Hunde innen erlaubt	ja
Privat anmietbar	auf Anfrage
Mit PKW erreichbar	nein, Parkplatz 10 Min.
Rollstuhlgerecht	ja, Anfahrtsmöglichkeit klären
Andere Wanderhütten in der Nähe	** Nello-Hütte ** Waldhaus Drei Buchen
Erreichbarkeit	Von Burrweiler (Südl.Weinstrasse) ins-Modenbachtal, hinter Abzw. nach Weyher rechts Parkplatz (ausgeschildert) Von hier aus zur Nello-Hütte und linkshaltend zur Amicitia.
Topographische Wanderkarte	Landau/Edenkoben/Neustadt

Nello-Hütte 34

Heute ist sie leider zur Bedeutungslosigkeit abgestempelt und dient nur noch im Schatten der „grossen Schwester" als deren Vorwerk: die Ur-Nellohütte am Kesselberg, die einst mit viel Enthusiasmus in handwerklicher Arbeit mit Axt und Säge entstanden ist.

Als nach dem 1. Weltkrieg eine rege Wandertätigkeit einsetzte, formierte sich in Landau eine kleine, namenlose Wandergemeinschaft, in der sich mit der Zeit der Wunsch manifestierte, hier in abgeschiedener Waldlage eine Unterstandshütte zu errichten. 1923 war es dann so weit und lange hat die kleine Blockhütte als Treffpunkt für gesellige Stunden genügt. Die Einweihung fand an einem Pfingstmontag statt und noch heute wiederholt man das Ereignis mit dem pfalzbekannten Waldfest am gleichen Tag. In den Anfangsjahren wurde am Sonntagmorgen der Wein von den Aktiven mit der Korbflasche im Rucksack herangeschafft, bei dem heutigen Besucheraufkommen muss man schon mit schwerem Gerät den durstigen Kehlen Genüge tun.

Längst wurde das 20 Jahre später erbaute, höher gelegene Steinhaus erweitert und umgebaut; längst hat sich die Nello-Hütte zu einem festen Bestandteil bei der Planung des Wochenend-Wandervergnügens etabliert und längst ist sie zu einem der beliebtesten Ziele im Bereich des Modenbachtales geworden. Durch die schattige Berglage ist sie ein angenehmer Ansteuerungspunkt an heissen Sommertagen, wenn man es an der Weinstrasse manchmal nicht aushalten kann, und im Winter erfreut man sich an der Hitze des grossen Kachelofens, der mittig im Raum steht. Dieser vermittelt mit der im besten Sinne einfach genannten Bestuhlung, der grossen Bank, den Holzverkleidungen und der schräggestellten Theke unter der Treppe so viel Flair, dass man von einer Hütte im alten Stil sprechen kann. Gemälde, Erinnerungsfotos und Zeichnungen von Marie Strieffler zieren die Wände - nur die schöne, eiserne Stallaterne unter der Treppe hätte einen besseren Platz verdient.

Wie üblich: die Männer am Tresen, die Frauen in der Küche. Ausser Suppe und Wurst beschränkt sich das Angebot aus dem Reich der Kaltmamsell. Am Karfreitag gibt es zusätzlich Dampfnudeln und Kartoffelsuppe. Als Nichtpfälzerin habe ich mich an diese Kombination erst gewöhnen müssen. Kurz vor Weihnachten wird die Hütte bis Ende Februar geschlossen (bzw. Öffnung im Januar und Februar auf Anfrage), es müssen neue Kräfte für die nächste Saison gesammelt werden. Beim letzten Mal hatte es den Eindruck, als hätte alle Welt die ganze Zeit der Betriebsruhe sehnsüchtig auf den Tag der Wiedereröffnung gewartet. Jeder Stuhl, jedes Plätzchen auf der Bank und auch der sonst eher ungern erstiegene Nebenraum im Obergeschoss waren an diesem nassen Sonntag belegt, als die jungen Familien aus den Reihen der Vereinsmitglieder ihren ersten Hüttendienst schoben.

Diese frage ich nach dem merkwürdigen Namen „Nello“. Achselzucken reihum. Interessiert schaue ich mir jedes geschriebene Wort im Raum an. Auf einmal: ein vergilbtes Stück Papier im Rahmen gibt Auskunft über ein medizinisches Hilfsmittel namens „Nello“, nach dessen Gebrauch menschlichen Blähungen unangenehme Gerüche genommen und diese wahlweise in Düfte von Maiglöckchen, Veilchen oder Narzissen umgewandelt werden. Kostenpunkt für 1 Stück = 25,– Mark. Ein Scherz, denke ich.

Dennoch neugierig geworden, frage ich den netten Edesheimer Apotheker, ob er hiervon schon einmal etwas gehört habe, zumal in dem Glaskasten in der Hütte eine namensmanipulierte Apothekenschachtel zu sehen ist. Herrr Seither macht sich die Mühe und erkundigt sich im Stadtarchiv Landau. Des Rätsels Lösung: Um 1923 kursierte in Landau ein Scherzbrief einer Nürnberger Firma, die für ihr vorbeschriebenes Produkt warb, was die Landauer Polizei veranlasste, das Flugblatt wegen Sittenwidrigkeit einzusammeln - die spaßigen Landauer Wandervögel hingegen zur Namensgebung ihrer Hütte animierte.

Da später auch ein Witzblatt ähnlichen Inhaltes im Umlauf war, können wir heute froh sein, dass sich die Vereinsväter nicht für diesen Produktnamen entschieden haben, sonst müssten wir heute zur „Popofax-Hütte" wandern ....

Nello-Hütte 34

Telefon	06323 - 5957 www.nello-ev.de
Höhe	396 m
Eigentümer	Wanderklub Nello e.V. Landau Vorsitzender Bernd Helfer, Tel. 06341 - 32727
Öffnungszeiten	Ab 1. So im März bis einschl. 3. Advent So + Fei 10.00 - 17.0 Uhr
Zusätzlich	Januar + Februar auf Anfrage
Geschlossen	Nach 3. Advent bis Ende Februar
Veranstaltungen	** Waldfest auf Pfingstmontag ** Karfreitag Dampfnudelessen ** Nikolausfeier 1. Advent (Anmeldung)
Sitzplätze	innen 60 + 40, außen 300
Übernachtung	nein
Spielplatz	ja
Hunde innen erlaubt	ja
Privat anmietbar	nein
Mit PKW erreichbar	nein
Rollstuhlgerecht	nein
Andere Wanderhütten in der Nähe	** Amicitia-Hütte ** Hüttenbrunnen
Erreichbarkeit	Von Burrweiler ins Modenbachtal. Kurz hinter der Abzweigung nach Weyher, rechts zum Parkplatz (ausgeschildert). Von hier Rcihtung Amicitia-Hütte, zur Nello-Hütte später rechts ab

Rietania-Hütte 35

Unbestritten ist die in ihrer Gesamtheit unter Denkmalschutz stehende Theresienstrasse in Rhodt mit ihren alten Winzerhäusern und dem üppigen Blumenschmuck die schönste unter den Dorfstrassen der Südlichen Weinstrasse. Wandert man diese bergan, den Blick frei zur Villa Ludwigshöhe, raus aus dem Dorf und weiter entlang der Wingerte, sieht man bald die Waldausläufer des Blätterberges, der mit der 535 hoch gelegenen Ruine der Rietburg (erbaut 1200-1204) gekrönt ist.

Die 1255 von Hermann von Riet geplante und durchgeführte politische Geiselnahme von Königin Elisabeth (Gattin des deutschen Königs Wilhelm), die mit ihrem Gefolge von Worms zum Trifels auf freiem Feld bei Edesheim entführt und auf der Burg festgesetzt wurde, brachte letztendlich das Geschlecht der Rietburger nach nur 50 Jahren um ihren Besitz. Nach dieser Freveltat wurde die Anlage zur Reichsburg ernannt und unterstand direkt dem König, der Lehnsmänner ernannte. Im Verlauf der Weissenburger Fehde wurde die Burg im Jahr 1470 beschossen und schwer beschädigt, war aber noch bewohnbar. Die endgültige Zerstörung erfolgte während des 30-jährigen Krieges. Heute führt eine Sesselbahn (Station an der Ludwigshöhe) zur Ruine mit Höhengaststätte und Aussichtsterrasse.

Haben wir das Hotel „Alte Rebschule" passiert, erreicht man kurz darauf den Waldparkplatz oberhalb der Dörfer Weyher und Rhodt. Obwohl sich von hier aus weitere, schöne Wanderwege anbieten, ist das heutige Ziel zunächst erreicht: die Rietania-Hütte. Ursprünglich 1932 als Schützenheim des Kriegervereins erbaut, hat der Musik- und Wanderclub Rietania e.V. hier seit 1950 seine Stammburg und die gehört ihm nun schon länger als die Burg oben auf dem Berg den Rietburgern. Zu einer lokalen Berühmtheit hat es das 15-18 Mann starke Mandolinenorchester gebracht, dem man bei Festen nicht nur in Rhodt lauschen kann.

Zum Wohle der Wanderer ist die Hütte der Öffentlichkeit zugänglich gemacht, wird aber nach anfänglicher Eigenbewirtschaftung seit vielen Jahren verpachtet. Seit 2004 hat Ute Nikolaus hier das Sagen, eine zierlich-quirlige Neupfälzerin, die schon vor etlichen Jahren ihre Heimat von der Oberlausitz in die Pfalz verlegt hat, ohne dass sie den Dialekt ihrer Bautzener Geburtsstätte verleugnen kann und will. Ihr zur Seite steht ein eingespieltes Team, das teilweise schon unter den Vorpächtern Hüttentauglichkeit bewiesen hat.

Rein äusserlich hat sich seit dem Gastwirts-Wechsel, ausser einem frischen Anstrich und neuen Gardinen, in der urig-schönen Hütte nichts geändert. Die Pfälzer Kost ist beibehalten worden, ergänzt durch nicht unbedingt hüttenübliche Angebote, wie z.B. Röstis mit Räucherlachs, Vegetarisches oder sporadisch Quark mit Leinöl. Kennen Sie nicht ? Probieren ! Freitags ist immer Fisch im Angebot. Ab und zu gibt es auch die würzig-knackigen Oberlausitzer Rindswürste, die eigens „eingeflogen" werden. Allesamt können wir jedoch froh sein, dass nicht nach dem ausliegenden „ultimativen DDR-Kochbuch" gekocht wird - das Rezept für einen Reissalat, bestehend aus 1/2 Pfd. Reis, 2-3 EL Essig und 1/4 Pfd. Mayonnaise, hat mich arg stutzig gemacht und ich vermute, dass der Autor dies' den Geheimnissen der Bautzener Gefängnisküche entnommen hat. Gottseidank geht es uns heute besser, wenn der Magen knurrt und wir uns Frau Wirtins schmackhaften Eintöpfen widmen können.

Hunde dürfen mit in die Hütte genommen werden, sofern sie nicht grösser sind als sie selber, schmunzelt die Gastgeberin. Fiffi und Waldi werden sich genauso wohl fühlen wie Herrchen und Frauchen. Auf 5o qm umfängt einen eine gemütliche Behaglichkeit mit niedriger Balkendecke und kleinen Sprossenfenstern. Der Stammtisch ist direkt neben dem Eingang platziert, kleine Tische gruppieren sich an den Wänden und mittig ein Großtisch für ganz viele Leute. Kurzum: 50 Gäste können sich insgesamt hier häuslich niederlassen.

Bleibt man draussen, so wird man sich an dem Anblick des alten Hauses mit seinen aufgebrachten Halbstämmen und dem tief heruntergezogenen Dach erfreuen. Unter diesem Dach ist eine schmale mit Birkenzaun abgegrenzte Fläche mit wenigen Tischen. Hat man den letzten Tisch erwischt, muss man sich an den anderen vorbeiquetschen, was aber weiter nicht störend ist. Man sitzt behaglich mit dem Rücken an der Holzwand und hat die grosse Terrasse im Blickfeld, die rund 50 Gäste aufnehmen kann und die in den Sommer- und Herbstmonaten gnadenlos überfüllt ist. Hier findet im August auch das Waldfest des Rietania-Vereins statt. Über den stark frequentierten Parkplatz schauen und hören wir einfach hinweg.

Die separat liegende Wurstküche wurde früher zu Stoßzeiten zusätzlich geöffnet, ob das heute noch so ist, darüber habe ich leider keine Information. Vorbei sind allerdings die Zeiten, wo hier noch gemetzelt wurde, zu hoch und unerfüllbar sind heute vonseiten der Behörden die Auflagen geworden. An frühere, fröhliche Schlachtgelage erinnert nur noch der riesige Wurstkessel.

Rietania-Hütte 35

Telefon	06323 - 6852
Höhe	255 m
Eigentümer	Musik- und Wanderclub Rietania e.V. Pächterin Ute Nikolaus
Öffnungszeiten	April – Oktober, Mi bis So + Fei ab 11.00 Uhr Nov. – März, Mi und Sa + So ab 11.00 Uhr
Geschlossen	vor Weihnachten bis ca. 2 Woche Januar, Termin a. A.
Veranstaltungen	Waldfest vom Musikclub Mitte August, Termin a.A.
Sitzplätze	innen 50, außen 90
Übernachtung	nein
Spielplatz	ja
Hunde innen erlaubt	ja
Privat anmietbar	nein
Mit PKW erreichbar	ja
Rollstuhlgerech	ja (3 Eingangsstufen)
Andere Wanderhütten in der Nähe	Schweizerhaus
Erreichbarkeit	siehe Text
Topographische Wanderkarte	Neustadt/Edenkoben/Landau

Schweizer Haus 36

So stellt man sich eine Hütte vor ! Innen klein, eng und gemütlich mit „Waldarbeiter-Hütten-Flair", aussen mit traumhaften Blick, steht das Schweizer Haus auf halbem Weg zum Blätterberg. Allein der Name lässt Urlaubsstimmung aufkommen. Ungewöhnlich für die hiesige Gegend ist der Baustil mit umlaufendem Balkon im OG, halb alpenländische Art, halb Siegerländer Fachwerk-Bauweise. Man hat halt gebaut, was gefiel. Was mir nicht gefiel, ist, dass durch die Lage am Hang keine ordentlichen Fotos gemacht werden konnten und so lassen Sie sich bitte nicht von den halbherzigen Aufnahmen abschrecken und machen Sie nicht den Fehler, diese urwüchsige Hütte links liegen zu lassen.

Vom Waldparkplatz an der Rietania-Hütte (s.dort) zwischen Rhodt und Weyher ist das Schweizer Haus, na sagen wir mal „Häuschen", auch für Fußlahme in einer knappen halben Stunde erreicht, so dass es sich auch mal für eine kleine Wanderung am Spätnachmittag lohnt, wenn der allergrösste Trubel vorbei ist. Lebhaft geht es in der kleinen Hütte immer zu ! Das beginnt um 10.00 Uhr, wenn die Hütte öffnet und ebbt erst am späten Nachmittag ab. Hervorgegangen aus einer Schutzhütte, die bereits 189o auf diesem Fleck stand, blickt die Wanderhütte nun seit 192o in die Rheinebene und noch immer ist man ohne Strom- und Wasserversorgung.

In der schönen Jahreszeit wird man sich wohl draussen aufhalten wollen und wird sich an dem Blick über die Weindörfer und -felder in unmittelbarer Nähe bis zu den Gebirgszügen des Odenwaldes und des Schwarzwaldes nicht satt sehen können. Genügend Tische und Bänke sind vorhanden. Essen und Trinken holt man sich drinnen ab. Und jetzt gilt es Ruhe und Geduld zu bewahren. Im Inneren drängt auf engstem Raum alles zusammen: die Leute, die hinein oder heraus wollen; die, die zum Tresen streben; die, die ihr Geschirr zurückbringen; die, die ins Obergeschoss möchten - - alle, alle müssen den schmalen Durchgang passieren, um endlich ans Ziel ihrer Wünsche zu gelangen: die Bestell"theke", und zwischendurch wuselt der Patron, der so manches Essen austrägt. Dann muss man noch enger zusammenrücken und beiseite treten .Das stört ? - aber ich bitte Sie !, das fördert die Kommunikation in bester Weise.

Nun endlich ist man aufgerückt und hat die winzige Ausgabestelle mit der kleinen Küche, der die Wohlgerüche von Leberknödeln und Sauerkraut entströmen, erreicht. Hat man nun das Gewünschte auf einem grossen Tablett erhalten, ist die nächste, überaus schwierige Aufgabe, dieses wieder an der Menschenschlange vorbei zu seinem Tisch zu balancieren. Wer's geschafft hat, darf Sie auf die Genüsse freuen. Die Weine (Hüttenwirt's eigene) sind ehrlich, die Speisen nicht nur preiswert, sondern auch von einer ausgezeichneten Qualität. Hier ein paar Anregungen: unvergleichlich gut ist die Servelat; das Hüttenbrot ist mit hervorragendem Schinken, Wurst und Käse üppigst belegt und die Leberknödel, deretwegen viele Besucher extra ins Schweizer Haus kommen, schmecken wie hausgemacht.

Im Winter sind die Pfälzer aus der näheren und weiteren Umgebung , die in den höllischen Herbstmonaten lieber zu Hause geblieben sind, hier unter sich - aber auch das in einer beachtlichen Anzahl. Dann darf man es sich im Inneren des Hüttchens gemütlich machen. Keine Platzangst, bitte, Augen zu und durch - man rückt gern zusammen. Niedrig und klein ist es im Erdgeschoss, bequem Platz für 20 Gäste, unbequem für 30 und mehr. Aber egal, durch die manchmal qualvolle Enge kommt schnell Stimmung auf, man fühlt sich wie in einer grossen Familie und die Atmosphäre ist wie in einer Skihütte. Die Schoppengläser kreisen, der kleine Ofen heizt unbarmherzig, die Fensterchen sind ständig beschlagen und man freut sich, dass die Zeiten vorbei sind, wo die Raucher noch zusätzlich für Qualm in der Bude gesorgt haben. Die mitgebrachten vierbeinigen Freunde werden unter den Tischen verstaut und jetzt bitte: Füsse ruhig halten. Ausser den Gästen, die sich auf den umlaufenden Bänken zusammendrängen, häufen sich hier Rucksäcke, Anoraks, Pullover und noch so manches mehr, so dass man beim Aufbruch etwas mehr Zeit benötigt, bis man seine sieben Sachen zusammen hat.

Wer nun hier unten gar keinen Platz gefunden hat, steigt über die enge, steile Treppe ins Obergeschoss, wo in zwei ineinander gehenden Räumen nochmals 50 Sitzplätze sind. Hier ist es nicht ganz so voll wie im Erdgeschoss, dafür ist aber das Lüftchen nicht zu beschreiben. Wenn man die Balkontüre öffnen will, „zieht" es immer jemandem - garantiert.

Bis vor einigen Jahren war es eine besondere Attraktion, wenn der Wirt zum Jahreswechsel die Hütte öffnete. Nur gegen Voranmeldung sass man Mann-an-Mann und hatte kaum Zeit, das verflossene Jahr Revue passieren zu lassen. Unterhalb der Hütte war unter einem Felsvorsprung ein Grill aufgebaut, wo auf Rebenglut Hähnchen und Spieße gegrillt wurden. Wenn der Weg zwischen Grillplatz und Hütte vereist war, war es für die Hüttenleute ein Balanceakt. Ich persönlich würde mir wünschen, dass diese Silvestertradition auf meiner Lieblingshütte wieder aufleben würde – wer weiss ?

Internet	www.pwv-weyher.de
Höhe	400 m
Eigentümer	PWV Weyher Pächter Gerhard Anselmann, Tel. 06323 - 5644
Öffnungszeiten	Sonn- und Feiertags 10.00 - 19.00 Uhr
Zusätzlich	September/Oktober auch samstags
Sitzplätze	innen 25 + 50, außen 40
Übernachtung	nein
Spielplatz	ja
Hunde innen erlaubt	ja
Privat anmietbar	ja, auf Anfrage
Rollstuhlgerecht	nein, nicht anfahrbar
Andere Wanderhütten in der Nähe	** Rietania-Hütte ** Hüttenbrunnen ** Nello-Hütte
Erreichbarkeit	Waldparkplatz Rhodt (s. Bericht Nr. 35), 1/2 Std. leicht bergan.
Topographische Wanderkarte	Edenkoben/Maikammer/Neustadt

Landauer Hütte 37

Viele Wege führen nach Rom .... und fast genauso viele zur Landauer Hütte, „der" Hütte schlechthin im Landauer Einzugsgebiet, von vielen Seiten erreichbar.

Man kann wählen zwischen gemütlichen Spaziergängen (von Frankweiler aus in 45 Min.) oder grösseren Halbtagestouren für unermüdliche Wanderer unter Einbezug anderer am Wegesrand liegenden Einkehrstätten. Am ersehnten Ende steht aber immer „sie": die günstig an grosser Wegspinne - dem Zimmerplatz - gelegenen PWV-Hütte. Auf diesem grossen Platz befand sich in früherer Zeit zunächst der Holzplatz für die nahegelegene Burg Neu Scharfeneck, später dann der Schlossgarten. Wie viele hübsche Burgfräulein mögen hier schon mit ihren Rittern Erholung gesucht haben; so wie wir heute, wenn wir nach einer ausgedehnten Wanderung dem ersten Schoppen entgegenlechzen.

Bevor es aber so weit ist, sollten Sie sich der kleinen Mühe unterziehen und der in Teilen gut erhaltenen Burgruine Neu Scharfeneck einen Besuch abstatten. Als Höhenburg in 500 m Höhe auf dem westlichen Ausläufer des Kalkofen-Berges um 1230 durch Johann von Scharfenberg erbaut, diente sie zunächst vermutlich als Vorwerk der heute völlig zerstörten Burg Alt-Scharfeneck. Bereits im späten Mittelalter jedoch war sie Haupt-

sitz der Familie, während Alt-Scharfeneck zerfiel. Im Bauernkrieg 1525 niedergebrannt, wurde sie nach dem Wiederaufbau 1630 im 30-jährigen Krieg von marodierenden Schweden „mit Pulver in die Luft geschickt" und ist seitdem Ruine. Der 1971 gegründete Scharfeneck-Verein kümmert sich um die Plflege und Erhaltung dieser imposanten Anlage.

Nun aber hinein in die gute Stube der Landauer-Hütte, wovon die kleinste der vier Räume (einer davon im OG) hinter dem Kachelofen der gemütlichste ist. Dieser ist der älteste Teil des Gebäudes und damit die Urhütte. Auf dem alten schwarz-weiss Foto gut als nunmehrigen Vorbau zu erkennen. Das Speiseangebot ist hüttenüblich, preiswert und gut: Handkäse mit viel Musik, weisser Käse, Erbsensuppe, knackige Würste, Hausmacher und natürlich Kaffee und Kuchen. Der Wein wird vom renommierten Weingut Rolf Pfaffmann, Frankweiler, bezogen. Das gesamte Hüttenteam in der Küche und am Ausschank ist flott bei der Arbeit, so dass man auch bei grossem Andrang keine langen Wartezeiten in Kauf nehmen muss - und ein freundliches Wort und ein kleines Späßchen sind allemal drin. An schönen Tagen herrscht in und um die Hütte äusserst lebhaftes Treiben, aber man findet immer irgendwo ein Plätzchen, um die müden Glieder auszustrecken - versprochen !

Obwohl man vom Zimmerplatz aus weitere in der Nähe liegende Hütten (Hütten-Hopping) ohne grosse Mühe anwandern kann, wird sich doch so mancher Besucher entschliessen, hier länger zu verweilen. Mir ist es auf jeden Fall schon öfter so ergangen und am allerliebsten wandere ich die Hütte an einem verschneiten Wintertag an. Im diffusen Licht eines späten Nachmittages erscheint mir die Hütte dann mit ihrem warmen Licht wie ein gemütliches Hexenhäuschen. Man riecht schon das verbrennende Holz und freut sich auf die heimelige Wärme, wenn man sich auf die Ofenbank kuscheln kann.

Musikfreunde hören es gern: An fast allen Samstagen tagt der Sänger-Stammtisch; da werden am Nachmittag schöne Wander- und Volkslieder zu Gehör gebracht. (Sollte diese Veranstaltung Grund eines Besuches sein, rufen Sie vorsichtshalber vorher an). Mitsingen kann jeder, dem Gesang gegeben. Zwei Gitarren sind sowieso in der Hütte vorhanden, damit die gitarrespielenden Gäste in die Saiten greifen können. Die Hüttenleute sehen es gern, setzen sich nach getaner Arbeit dazu und kneifen auch mal ein Auge zu, wenn die offizielle Öffnungszeit überschritten wird - nur übertreiben sollte man es nicht, Hüttendienst zu schieben ist schon ein hartes Stück Arbeit.

Einen Termin sollten Sie sich merken: Am 1. Wochenende im September wird traditionell das Hüttenfest gefeiert. Mit Hund, Kind und Kegel wird zur Landauer Hütte gepilgert und wer denkt, an einem September-Wochenende sei es an der Weinstrasse „voll", der hat den Ansturm hier noch nicht erlebt - da wird der Wald zu klein ....

Telefon	06345 - 3797 www.pwv-landau.de
Höhe	450 m
Eigentümer	PWV Landau Vorsitzender Erich Dieringer, Tel. 06349 m- 1290
Öffnungszeiten	Sa, So, Fei 10.00 - 18.00, Winter bis 17.00
Zusätzlich	Silvester bis 17.oo Uhr, Faschingsdienstag, Sommer- und Herbstferien tägl., ausser Freitags
Geschlossen	24., 25.12.,Neujahr auf Anfrage
Veranstaltungen	**Faschingsdienstag närrisches Treiben (a.A.) **Hüttenfest 1. Wochenende September **Hüttenmusik-Abende, Termine erfragen
Sitzplätze	innen 150, außen 400
Übernachtung	nein
Spielplatz	ja
Hunde innen erlaubt	ja
Privat anmietbar	nein
Mit PKW erreichbar	nein
Rollstuhlgerecht	nein, nicht anfahrbar
Andere Wanderhütten in der Nähe	**Ringelsberg-Hütte **Trifelsblick-Hütte **NFH Kiesbuckel
Erreichbarkeit	z.B. vom Waldparkplatz Drei Buchen (s.dort) über Burgruine Neuscharfeneck, weiter zur Hütte (ca 1 Std.)
Topographische Wanderkarte	Neustadt/Maikammer/Edenkoben

Anna-Hütte 38

"Wanderer kannst du nicht warten -
hast du keine Zeit -
dann geh' einfach weiter,
dann tust du uns leid"

Diesen Spruch über der Ausschanktheke der St. Anna-Hütte sollte man ernst nehmen, denn bei dem meist übergrossen Andrang von Wanderern und Ausflüglern kann es in der Tat zu längeren bis langen Wartezeiten kommen. Aber die Zeit vergeht bei netten Gesprächen mit den Mitwartenden und Witzchen doch irgendwann und den überaus freundlichen Hüttenleuten verzeiht man schnell, dass es halt nicht wie am Fließband geht. Überhaupt herrscht auf der Anna-Hütte immer eine ganz besonders fröhliche Stimmung und es scheint, als wären nur gut gelaunte Leute unterwegs.

Das Hütteninnere hat mit ca 50 qm eine angenehme Grösse und Platz für 120 Füsse. Ganz besonders beliebt ist der ovale Stammtisch in Thekennähe - da ist es dann auch nicht weit bis zur Tränke. Ein schöner, antiker Kanonenofen aus dem gewesenen Ofenmuseum Burrweiler ziert und heizt den Raum. An der Fensterwand ein großes Gemälde, dass den Teifi zeigt - aber der kann hier keinen Schaden anrichten. Befinden wir uns zwar auf dem Teufelsberg einerseits, aber anderseits auf Kirchengelände und die Hütte ist Eigentum der Pfarrgemeinde. Seitlich an der Hütte lange Tische und Bänke im Freien für rund 150 Gäste, genauso viele Plätze sind im verglasten überdachten Vorbau vorhanden, aber der ist ziemlich seelenlos.

Warum ist diese Hütte so beliebt ? Liegt es an den Veranstaltungen im Jahresablauf, liegt es am guten und vielfältigen Speiseangebot (eingelegter Winzerkäse, Hüttenbrot, deftige Linsensuppe u.v.m.) oder an der kurzen Anwanderzeit vom Parkplatz aus ? Bei der Gelegenheit möchte ich einmal „fremdgehen" und Sie auf das am Wegesrand liegende „Annagut" mit seinen herrlichen Gartenterrassen und der zauberhaften Aussicht aufmerksam machen. Aber zurück zur Hütte: Beliebt sind die Schlachtfeste, die von Oktober bis April jeden 3. Samstag im Monat stattfinden. Manchmal frage ich mich bei der über-übergroßen Anzahl dieser landauf-landab so sehr beliebten „Freßorgien", ob nicht langsam die Schweine zur Neige gehen?! Nicht minder beliebt ist das bunte Treiben auf Faschingsdienstag, wo schon so mancher Zeitgenosse mit einem lustigen Vortrag sein Talent bewiesen hat. Schade, dass man vor vielen Jahren schon die Silvesterfeier gestrichen hat, das war immer ein ganz besonderes Erlebnis. Am letzten Tag des Jahres ist die Hütte bis 17.00 Uhr geöffnet und dann heisst es Abschied nehmen für dieses Jahr.

Der Hütte vorgebaut (nein, eigentlich ist es umgekehrt) ist die stattliche St.-Anna-Kapelle im neugotischen Stil aus dem Jahr 1895, die schon 1715 einen Vorgängerbau mit Eremitenwohnung hatte. Hinweise auf ein noch früheres Gotteshaus - man sprach einmal von 1520 - haben sich nicht bestätigt. Im Jahr 1748 wurden die Gemeinden Burrweiler und Flemlingen vom Fleckfieber stark heimgesucht und man suchte Trost und Hilfe bei der Heiligen Mutter Anna und hielt eine Bittprozession zur Kapelle ab. Ob es nun tatsächlich so war, dass von Stund' an der ersten Wallfahrt kein Bürger mehr an Fleckfieber gestorben sei, bleibt dahingestellt und ob die jungen Mädchen, die auf den Annaberg gepilgert sind und dabei „Heilige Ann', schenk mir nén Mann" gebetet haben, erhört wurden, ist auch nicht belegt.

Die Wallfahrten haben sich bis auf den heutigen Tag gehalten und finden ab dem Dienstag vor dem Annatag (26.Juli) und den darauffolgenden neun Dienstagen statt. Zwar werden keine 12.00 Gläubige - wie 1945 gezählt - mehr auf den Berg pilgern, aber 400-500 Besucher sind es im Schnitt jede Woche. Fleißige Helfer bereiten schon um 5.30 Uhr in der Frühe das Frühstück in der Anna-Hüte vor, schneiden Kuchen auf und belegen rund 600 Brötchen mit Wurst und Käse. Zwischen der Kapelle und der Hütte sind Stände aufgebaut, an denen man sich mit geweihten Kerzen oder sonstigen Devotionalien eindecken kann.

Ganz eng mit diesen Wallfahrten ist die Geburtsstunde der heutigen PWV-Hütte verbunden. Im Jahr 1924 begannen Burrweiler Frauen damit, den Pilgern Kaffee auszuschänken. Die Einnahmen aus dem Verkauf wurden zur Anschaffung einer neuen Kirchenorgel verwendet, die dann auch im Volksmund „Kaffeeorgel" hieß. Nachdem der Kaffeeausschank ein voller Erfolg war, entschloss man sich, auch in den darauffolgenden Jahren eine Bewirtung zugunsten der Kapelle durchzuführen und so wurde schon im Jahr 1927 eine feste Schutzhütte errichtet, aus der sich die heute in voller Pracht dastehende St.-Anna-Hütte entwickelte. Seit 1969 hat der Pfälzerwaldverein die Bewirtschaftung inne.

Telefon 06345 - 3931
www.pwv-burrweiler.de

Höhe 450 m

Eigentümer Kirchengemeinde,
Pächter PWV Burrweiler
Vorsitzender Karl Saueressig,
Tel. 06235 - 929375

Öffnungszeiten Mi, So + Fei ab 10.00 Uhr
Juli-Oktober auch samstags

Zusätzlich Dienstag vor 26.7. und die darauffolgenden 9 Dienstage (Pilgertage). Bewirtung erfolgt durch die Pfarrgemeinde.

Geschlossen 24. + 25.12., Ostersonntag

Veranstaltungen
** Karfreitag Fischessen
** Okt.-April jeden 3. Sa im Monat Schlachtfest
** Faschingsdienstag buntes Treiben
** Silvester bis 17.00 Uhr

Sitzplätze innen 60, außen 300
Übernachtung nein
Spielplatz ja
Hunde innen erlaubt ja
Privat anmietbar nein
Mit PKW erreichbar nein
Rollstuhlgerecht nein, da nicht anfahrbar

Andere Wanderhütten in der Nähe
**Trifelsblick-Hütte
**Landauer Hütte

Erreichbarkeit Waldparkplatz oberhalb von Burrweiler (hinter St. Anna Weingut), Fußweg ca 15 Min.

Topographische Wanderkarte Neustadt/Maikammer/Edenkoben

Dernbacher Haus

39

Dernbach, im gleichnamigen Tal gelegen, ist in einer Urkunde von Kaiser Barbarossa erstmalig 1198 erwähnt und mit knapp 500 Einwohnern ein beschauliches Dörfchen am Osthang des Hubberges. Belegt ist, dass König Heinrich dem Ritter Johann von Scharfenberg die Errichtung der nahe gelegenen Burg Neuscharfeneck (s. Bericht 37) erlaubte, die ebenso wie die Ramburg (s. Bericht 31) über das Tal wachte.

Die im 13. Jahrhundert erbaute Dreifaltigkeitskirche weist im Chor wunderschöne, gotische Malereien aus der Hälfte des 14. Jahrhunderts auf. Bereits im Jahr 1530, 13 Jahre nach Luthers Thesenanschlag, ist schon eine protestantische Kirche und damit die Fortschrittlichkeit der Dernbacher nachgewiesen. Die schönste Zeit im Jahr erfährt der Ort, wenn er im Frühjahr in ein Meer von weissen Kirschblüten getaucht ist. Die Kirschbäume haben den Bewohnern in früheren Zeiten zu einem erträglichen Auskommen verholfen - in fast jedem Haus stand eine Brennblase und die hausierenden Besenbinder aus der Nachbargemeinde Ramberg verkaufen auf ihren Touren den hochkarätigen Kirschbrand bis nach England - so war beiden Seiten geholfen.

Oberhalb des Dorfes liegt auf einer Anhöhe das Dernbacher Haus - eine gemütliche Ausflugsgaststätte mit Selbstbedienung. Schon der Wanderweg vom Parkplatz am nördlichen Ortsrand ist ein Genuss (Weiterfahrt bis kurz vor das Haus möglich). Ein wunderschönes, liebliches Tal umfängt den Wanderer - der Blick geht über sanftes Hügelgelände, dem Sattel zwischen Orens- und Kalkofenberg und man wähnt sich auf einer Alm im Allgäu. Kleine Wochenendgrundstücke und Schonungen unterbrechen die Weite der Wiesen, Schafherden weiden am Wegesrand - und zwischendurch immer wieder diese herrlichen Kirschbäume. Von den Terrassen des Dernbacher Hauses hat man freie Sicht auf die Berge der anderen Talseite, rechts zur Ramburg und unterhalb liegt das Dörfchen. Bei dieser Aussicht gerät man, mit dem Rücken an die warme Holzhauswand gelehnt und einem Schoppen vor der Nase, ins Träumen. Bei meinem letzten Besuch war ich ob des Anblicks und beim Anblick meines glücklich im kleinen Wäldchen herumstöbernden Hundes „Manolito" total entspannt, bis mich der überlaute Lautsprecher wieder in die Wirklichkeit zurückholte. Ein wenig sanftere Töne wären wohltuender.

Hier draussen sitzt es sich sehr angenehm auf Terrassen, die sich auf zwei Ebenen verteilen oder mit den Füssen auf dem Waldboden unter mächtigen Eichenbäumen, die im Herbst kräftig mit der flatternden Dernbacher Dorffahne um die Wette rauschen. Auf einer der Terrassen ist ein Grill aufgebaut und man kann sich auf gelegentliche Grillfeste freuen. Das Hütteninnere ist mit geschätzten 150 qm relativ gross, mit 110 Plätzen auch für grossen Ansturm gerüstet und der neue Kaminofen trägt zur Behaglichkeit bei.

Das Angebot auf der Speisekarte liest sich gut und es gesellen sich neben die Traditionsgerichte einige Extra-Schmankerl: Geräucherte Forelle mit Kartoffelsalat, Semmelknödel mit Waldpilzsauce, Flammkuchen aus dem Steinofen, Rumpsteaks, Schnitzel, ein grosses Salatangebot, extra Kinderkarte und nicht zu vergessen die Tagesangebote, wo es zuletzt auch ein schön-würziges Gyros mit wirklich leckeren Pommes frites und Tzaziki gab. Sonntags und an Feiertagen wird zwischen 10.00 und 12.00 Uhr ein reichhaltiges Frühstückbüffet aufgetischt, so dass man sich vor dem Wandern ordentlich stärken kann.

Ausser den festen Veranstaltungen fallen dem umtriebigen Wirt immer wieder neue Aktionen ein, wie Überraschung zu Muttertag für alle Mütter und zu Vatertag für alle Väter; Tanz in den Mai mit Livemusik, Ostereiersuchen für die Kids oder eine „Spring-Break-Party (fragen Sie nach, was das ist - ich muss leider „passen"). Was die in der Übersicht genannten Feste anbetrifft, so fragen Sie auch hier bitte nach den genauen Terminen.

Und wenn Sie einmal einen lieben Menschen überraschen möchten, so schenken Sie ihm einen Gutschein für ein paar schöne Stunden mit Essen und Trinken im Dernbacher Haus. Der Dank wird Ihnen sicher sein.

Telefon	06345 - 8927
Höhe	320 m
Eigentümer	Sport- und Kulturgemeinde Dernbach e.V. Pächter Frederik Fink
Öffnungszeiten	Di - Sa ab 11.30 So + Fei ab 10.00
Zusätzlich	Nach Vereinbarung
Geschlossen	Hüttenferien und Weihnachtstage auf Anfrage
Veranstaltungen	** Faschingsdienstag lustiges Treiben ** 1 x mtl. am Mittwoch Hüttenmusik ** Sommerfest ** Jahreswechsel auf Anfrage
Sitzplätze	innen 110, außen 200
Übernachtung	nein
Spielplatz	ja
Hunde innen erlaubt	ja
Privat anmietbar	nein
Mit PKW erreichbar	ja, Parkplatz 5 Minuten
Rollstuhlgerecht	ja, Vorfahrt z. Haus möglich
Andere Wanderhütten in der Nähe	** NFH Kiesbuckel ** Landauer Hütte ** Ramburg-Schenke
Erreichbarkeit	Am Ortsrand Parkplatz mit Hinweisschild zum Haus. Weitere Zufahrt 5 Min. zum Parkplatz unterhalb der Hütte.
Topographische Wanderkarte	Neustadt / Edenkoben / Landau

Trifelsblick-Hütte

40

Ein dreifach „Hoch" dem Forstamt, dass vor einiger Zeit etliche Bäume vor dem Hang der Trifelsblick-Hütte gefällt und die freie Fläche mit heimischen Wildgräsern bepflanzt hat. So ist der zauberhafte Blick auf den Trifels und seine Nachbarburgen und -berge wieder freigegeben und so den Hüttennamen untermauert. Eine Übersichtstafel auf der Terrasse gibt über Einzelheiten Auskunft und an klaren Tagen kann man tatsächlich mit bloßem Auge das Straßburger Münster als schmale Nadel ausmachen. Na, ja - ein wenig Phantasie und guter Wille muss schon mit von der Partie sein.

Oberhalb des Weinortes Gleisweiler, das sich „Pfälzisch Nizza" nennt, erhebt sich seit 1971 der langgestreckte Bau der Trifelsblick-Hütte, den man u.a. vom Ort aus in 50 Minuten und knapp 300 Höhenmetern erreichen kann. Ausser der in der Übersicht genannten Anwandermöglichkeit über die Anna-Hütte, kann man u.a. vom Waldparkplatz Gleisweiler, ausgeschildert mit „Nr. 2", oder vom Waldparkplatz „Drei Buchen" ebenfalls die schöne Hütte erstürmen. In der schützenden Bucht des Haardtgebirges ist Gleisweiler als der wärmste Ort Deutschlands eingebettet. Mit wunderschönen Winzerhäusern aus dem 16.-19. Jh. ist die Dorfromantik mit engen, malerischen Gassen und Treppenwegen unverändert erhalten geblieben. An der Umgehungsstrasse steht ein gotischer Bildstock und drei von ursprünglich 10 Steinkreuzen, die an die hier im Mittelalter stattgefundene Seselschlacht (Sesel = Winzermesser) erinnern, wo es um Weiderechte ging. Etwas ausserhalb die historische Walddusche im Hainbachtal, die ab 1849 viele Jahre lang den Kurgästen als Kaltwasseranstalt zur Verfügung stand. Heute wieder vorbildlich renoviert, kann die einzige, heute noch existierende Anlage dieser Art in Deutschland, von April - Oktober wieder genutzt werden. Der aus 3 m Höhe herunterfallende Hainbach mit einer konstanten Temperatur von 10-12° erfrischt dann ganz ungemein. Brrrrr.

Die Wanderhütte selbst war ehedem ein einfacher, offener Schutzraum, bis die pfiffigen Gleisweiler Pfälzerwäldler auf die Idee kamen, hier an exponierter Stelle einen Weinstand zu eröffnen; wohl auch, damit die eigene Wanderung nicht ganz so trocken verlaufen würde. In der Unterstandshütte wurden nun ein paar Kisten besten Pfälzer Weines, ein Korkenzieher und Pappbecher deponiert und die durstigen Wanderer konnten sich jederzeit an einem guten Tropfen laben und ihren Obolus in die bereitgestellte Kasse entrichten. Aussagen zufolge, habe die Kasse immer gestimmt, aber ob das heutzutage noch so funktionieren würde, wage ich zu bezweifeln !

Die erste „Wirtschaft“ unterhalb des Wetterkreuzes und des steinigen Gipfel des Teufelsberges mit seinem herrlichen Bestand knorriger, südländisch duftender Kiefern war also geboren und es dauerte nur wenige Jahre, bis sich die PWV-Vorstandschaft entschloss, die Schutzhütte zur Küche umzufunktionieren und einen ordentlichen Gastraum anzubauen. Gedacht - getan. Dank der Bestückung mit Bierzeltgarnituren bietet er nun rund 70 Gästen Platz und besticht durch seine Holzverkleidung mit derben Schwartenbrettern, der wohnlichen Stammtisch-Ecke und dem gemütlichen Kachelofen.

Der der Hütte vorgebaute Nebenraum ist unter der Woche, wenn die Hütte geschlossen ist, für Jedermann frei zugänglich und bietet Schutz bei

plötzlich einsetzendem Regenwetter. Das Hüttenkost-Angebot ist auf wenige, preiswerte Gerichte beschränkt: Suppe, Wurst, Handkäse, weisser Käse, Schwartenmagen und Hausmacher. Die absolute Attraktion jedoch ist neben der grandiosen Aussicht der hausgemachte Kuchen, für den man sich immer ein Plätzchen im Magen freihalten sollte. Phantastisch ! Selbst Freunde von eher deftigen Genüssen geraten hier ins Schwärmen und pilgern sonntags eigens für diese süssen Verführungen zur Trifelsblick-Hütte.

Am gemütlichsten sitzt es sich übrigens vor der Hütte, wo man sich so schön an die Holzwand lehnen kann - der allerschönste Platz ist zweifelsfrei die kleine, überdachte Bank vor der Küche, wo man alles im Blick hat. Wenn man dieses Plätzchen ergattern will, muss man früh aufstehen. Wegen der weiten Entfernung zur nächsten Ansiedlung war es bis heute leider nicht möglich, die Hütte an das öffentliche Versorgungsnetz anzuschliessen und so wird auf dem Stillen Örtchen mit Regenwasser gespült und in der Küche mit herauf gebrachtem Leitungswasser gearbeitet, denn auch eine Quelle ist leider nicht in der Nähe.

Das Problem vieler Wanderhütten kennt man auch hier: der Nachwuchs fehlt. Deshalb übernehmen fast alle anderen Vereine aus dem Ort wechselweise die Bewirtschaftung mit. Aber - und das ist Auflage des Hausherrn - selbstgebackener Kuchen und 300 ltr. Frischwasser sind mitzubringen ! Auf umfangreiche Wald- und Hüttenfeste musste leider verzichtet werden, jedoch nicht auf das sehr beliebte Schlachtfest, das mit seinem Datum auf Faschingsdienstag eine einsame Stellung einnimmt.

Telefon	06345 - 407475 www.pwv-gleisweiler.de
Höhe	550 m
Eigentümer	PWV Gleisweiler Vorsitzender Harry Kühlmeyer, Tel. 06345 - 2237
Öffnungszeiten	Sa, So, Feiertag 9.30 - 18.00 Uhr
Zusätzlich	An den Anna-Wallfahrtstagen ab 9.30 (siehe Bericht Nr. 38)
Geschlossen	Mitte Dezember bis 1. Januarwoche
Veranstaltungen	Faschingsdienstag Schlachtfest
Sitzplätze	innen 70 + 50, außen 220
Übernachtung	nein
Spielplatz	ja
Hunde innen erlaubt	ja
Privat anmietbar	nein
Mit PKW erreichbar	nein
Rollstuhlgerecht	nein
Andere Wanderhütten in der Nähe	** St. Anna-Hütte ** Landauer Hütte
Erreichbarkeit	Anfahrt s. St. Anna Hütte (Nr. 38) Von hier aus in ca 30 Min. zur Trifelsblick-Hütte. Ausgeschildert
Topographische Wanderkarte	Maikammer/Edenkoben/Neustadt

Ringelsberg-Hütte

41

Bei Erscheinen der ersten HüttenZauber-Ausgabe im Jahr 2003 war es ein Novum, dass eine Wanderhütte eine Internet-Präsenz hatte und die Ringelsberghütte war die einzige weit und breit. Zwischenzeitlich hat sich das Bild gedreht - es gibt kaum eine Hütte, die nicht im Internet vertreten ist.

In die urige 1924/25 erbaute Hütte muss man sich auf Schusters Rappen aufmachen und die „Sackpfeif", sprich den Ringelsberg, erklimmen, um hier oberhalb des Frankweiler Steinbruchs in 463 m Höhe eine der schönsten Hütten im Bereich der Südlichen Weinstrasse zu erreichen. Vom Waldparkplatz aus gehend, sieht man nach einer guten halben Stunde zwischen den Bäumen die grünen Fensterläden blinken und schon steht man auf der terrassenartig angelegten Freifläche und erfreut sich des Anblicks auf die Hütte. Wieso der Name Sackpfeife ? Nach alten Überlieferungen hatte die Form der vor langer Zeit gebräuchlichen Sackpfeife (Dudelsack) Ähnlichkeit mit den Erhebungen des Ringelsberges und so ward im Volksmund schnell der Berg umgetauft und die auf dem Gipfel stehende Hütte hatte ihren Namen weg.

Einen idealen Standpunkt hatten sich die Erbauer damals ausgesucht - ein bezaubernder Blick auf das Dörfchen Frankweiler und in die oberrheinische Tiefebene bis nach Frankreich tut sich auf. Nur müssten die

Bäume an den Abhängen des Ringelsberges mal langsam das Wachsen einstellen, sonst steht man bald buchstäblich „im Wald". Ideal ist auch der Standort für leichte Wanderungen, wenn man nicht einfach in der behaglichen Hütte kleben bleibt. Weiterentwicklung stand bei den Vorständen der PWV-Ortsgruppe immer im Vordergrund. Unterstützt durch unzählige ehrenamtliche Arbeitsstunden von Seiten der Mitglieder, kann die Hütte nun durch Erweiterungsbauten 160 wackere Wanderer im Innern beherbergen. Trotz der Grösse sind alle Gaststuben intim und gemütlich. Drei Räume stehen zur Verfügung, allesamt mit wohltuenden Holzöfen ausgestattet und jeder mit eigenem Flair. Im linken Raum mit dem grossen Kachelofen haben etliche Jagdtrophäen einen Platz gefunden.

Auf der Ringelsberghütte bekommt man als Nichtpfälzer auch gleich Anleitung zum „gefahrlosen Umfang mit Pfälzern" und so heisst es unter anderem: „Erschrecken Sie nicht, wenn Ihnen ein Schoppenglas von einem Pfälzer angeboten wird, vielmehr haben Sie die höchste Stufe der Akzeptanz erreicht und Sie gehören dazu. Wenn Sie nicht gewöhnt sind aus einem Schoppenglas zu trinken, aus dem gerade die ganze Runde getrunken hat, lehnen Sie ja nicht ab. Überwinden Sie sich - es ist noch keiner daran gestorben". Und noch einen Hinweis erlaubt man sich, den man unbedingt beachten sollte: „Meiden Sie absolut den Satz 'Bitte einen Trollinger' - Sie befinden sich in Lebensgefahr ! Bestellen Sie schnell einen Dornfelder oder eine andere Pfälzer Rebsorte" Und : „Bestellen Sie kein Achtel Wein - mindestens ein Viertel oder noch besser ein Schoppen (1/2 l) sollte es sein".

Die Pfälzer sind ein geselliges Völkchen und Feiern und Lustigsein geht ihnen über alles. Besuchen Sie doch einmal eines der beliebten Hüttenfeste: In der Walpurgisnacht tanzen die Hexen nicht nur auf dem Blocksberg, sondern auch auf dem Ringelsberg. Die Schlachtpartie des Männerchors am Samstag und Sonntag in der ersten Novemberwoche erfreut sich allergrösster Beliebtheit und die legendäre Schlacht auf das Kuchenbüffet findet während des Hüttenfestes am letzten Juni-Sonntag

statt. Über 30 (!) verschiedene Torten, Blech- und Kranzkuchen, Gebäckstücke und Guglhupf stiften die Mitgliederfrauen und wer die Backkunst der Pfälzerinnen erst einmal kennen gelernt hat, dem ist kein Weg zu weit.

Zwischen Weihnachten und Neujahr wird nun endlich das langersehnte Schlachtfest abgehalten und wenn unsereins nach den Feiertagen mit seinem Cholesterinspiegel kämpft, lassen es die Frankweiler bei Woi, Weck und vor allem Worscht im alten Jahr nochmal so richtig krachen. Hauptsache schön fettig ....

Telefon	06345 - 7463 www.pwv-frankweiler.de
Höhe	463 m
Eigentümer	PWV Frankweiler Vorsitzender Bernd Nerding, Tel. 06345 - 8486 Rückfragen Hüttenwart Zimmermann, Tel. 06345-3094
Öffnungszeiten	Sonn- und Feiertage 9.30– 18.00 Uhr
Zusätzlich	I.d. Schulferien (unregelmässig), Neujahr a.A., 1. Novemberwoche Samstag
Geschlossen	25. + 26.12., Weinstrassenfest
Veranstaltungen	** Hexennacht (30.4./1.5.) ** Hüttenfest letzter Juni-Sonntag ** Schlachtfest zw. Weihn. + Neujahr ** Schlachtfest 1. Novemberwoche Sa + So vom Männerchor
Sitzplätze	innen 160, außen 100
Übernachtung	nein
Spielplatz	ja
Hunde innen erlaubt	ja
Privat anmietbar	ja, nach Anfrage
Mit PKW erreichbar	nein
Rollstuhlgerecht	nein
Andere Wanderhütten in der Nähe	**Landauer Hütte **NFH „Kiesbuckel"
Erreichbarkeit	Verschiedene Anwanderungen vom Waldparkplatz Frankweiler aus (beschildert).
Topografische Wanderkarte	Neustadt/Maikammer/Edenkoben

Kiesbuckel 42

Um die Musikanten beim 75-jährigen Hüttenjubiläum mit Getränken zu versorgen, musste sich der Diensthabende auf Schleichwegen vorkämpfen. Eine absolute Notwendigkeit, denn Musikerkehlen sind immer staubtrocken. Selbst seit 45 Jahren mit einem Musiker verheiratet, kann ich von diesem Liedchen ein paar Strophen mitsingen !

700 - 800 Gäste hatten sich im September 2001 im Landauer NFH Kiesbuckel eingefunden, als es galt, das Jubelfest in allen Ehren zu feiern. Mächtige Alphörner waren aufgebaut, deren für unsere Region ungewohnter Klang über die umliegenden Höhenzüge bis in das Tal drangen. Die hütteneigene „Band", die Original-Kiesbuckel-Musikanten, sorgten derweil für ausgelassene Stimmung unter den feierwütigen Besuchern, die sich im Haus zusammendrängten, es sich auf einer der Terrassen mit ganz herrlichem Weitblick gemütlich machten oder sich unter den knorrigen Eichen einfach auf den Waldboden niederliessen. Wohin auch mit so vielen Leuten ? Für das leibliche Wohl war von den Naturfreunden aufs Beste vorgesorgt - nur war es nicht einfach, an den Tresen zu gelangen. Einen solchen Andrang hatte das schön gelegene Waldhaus bis dahin noch nicht erlebt.

Von den Naturfreundehäusern ist man gewohnt, sie im Tal zu finden. Bei dem Haus auf dem Kiesbuckel ist alles ganz anders: Auf 314 m Höhe, am Fuß des Orensberg gelegen, und von einem Kranz lohnender Wanderziele umringt, hat man dieses Kleinod 1926 errichtet und zum Glück noch nicht „ver-modernisiert"; der letzte Umbau stammt aus dem Jahr 1951. Erst 1999 wurden Leitungen für Telefon, Strom und Abwasser gelegt, während das Frischwasser noch immer aus des Berges silberstem Quell fliesst. Hier atmet man noch die Unverfälschtheit einer Waldhütte, so wie es sich die Vorväter ersonnen haben. Steht man halt dichtgedrängt an der winzigen, altmodischen Ausgabestelle für Essen und Trinken; muss man sich halt den Hals verrenken, um seine Wünsche unter der Scheibe ins richtige Ohr zu brüllen .... was soll's ?? Nur ein kleines Speiseangebot ? Egal ! Dafür sind die köstlichen Eintöpfe wirklich noch hausgemacht und schonen den Geldbeutel. Die in haufraulicher Küche hergestellten Kuchen sind von besonderer Güte und müssten so manche Großbäckerei beschämen.

Zwei Stuben: die rechte und grössere mit dem Kachelofen, Bank rundum, Holztischen und Stühlen und übergrosser Garderobenecke; die linke Stube erscheint mir uriger, dunkler und enger. Ein alter Holzofen, dunkle Spanplatten an den Wänden und die Bestückung mit sehr einfachen Tischen und Stühlen lassen eine Rustikalität entstehen, wie man sie auf den typischen Wanderhütten der Alpen früher gefunden hat, bevor hypermoderne Glastempel die Landschaft verunglimpften. Ich frage nach einem Hüttenfest. Nun, das gibt es alle vier Wochen. Das glauben Sie nicht ?, dann kommen Sie mal am zweiten Samstag eines jeden Monates hier herauf, da prüfen und ölen die Kiesbuckel-Musikanten ihre Instrumente und Kehlen. Hier erlebt man noch die unverfälschte Volksmusik, die aus vollem Herzen kommt - und wer die Pfälzer kennt, weiss, dass sich eine Hüttengaudi dann von ganz alleine einstellt.

Wie in Naturfreundehäusern üblich, können nach Absprache bis 22 Personen in hütteneigener Bettwäsche nächtigen. Dann geht es nach einem zünftigen Hüttenabend die enge, steile Stiege hinauf in einen der

8 Schlafräume. Und morgens ist man nach einer belebenden Dusche für den kommenden Wandertag wieder bestens gerüstet. Und wenn Sie schon einmal hier sind, sollten Sie eine Besteigung des 581 m hohen Orensberges mit grandiosem Blick nicht versäumen. Felsformationen auf seinem Gipfelplateau haben im Volksmund aus dem Orensberg einen Orensfels gemacht. Auf seinem Gipfel befindet sich eine Aussichtskanzel und ein als Kulturdenkmal eingestufter Ringwall von ca 2,5 km Länge. Die Wissenschaft ist sich zwischenzeitlich einig, dass es sich um die Reste einer karolingischen Fliehburg aus dem 8. Jh. handelt. Der Berg hiess früher „Urlesberg" - das leitet sich von dem althochdeutschen Wort Urlass ab, was Weideberg bedeutet und die seit Jahren stattfindenden archäologischen Grabungen haben Siedlungsreste aus dem frühen Mittelalter nachgewiesen.

Internet	www.naturfreunde-landau.de
Höhe	314 m
Eigentümer	Naturfreunde Landau Hausreferentin Inge Raff, 06348 – 8962
Öffnungszeiten	Sa, So, Feiertage ab 10.00 Uhr
Geschlossen	Hüttenferien, Weihnachten bitte erfragen
Veranstaltungen	Jeden 2. Sa im Monat Hausmusik ab ca 15.00 Uhr
Sitzplätze	innen 80, außen bis 200
Übernachtung	ja (Voranmeldung)
Spielplatz	ja
Hunde innen erlaubt	ja
Privat anmietbar	nein
Mit PKW erreichbar	nein
Rollstuhlgerecht	nein
Andere Wanderhütten in der Nähe	** Landauer Hütte ** Ringelsberg Hütte
Erreichbarkeit	Von Albersweiler-St. Johann (Südliche Weinstrasse) Parkplatz, ca 1,2 km oder Frankweiler, Waldparkplatz, ca 1 Std.
Topografische Wanderkarte	Neustadt/Maikammer/Edenkoben

Jung-Pfalz-Hütte

43

Nur hoch, nur hoch .... geht es zur Jung-Pfalzhütte und wem das nicht gefällt, der muss im Tal bleiben ! Er wird aber eine der schönsten und usprünglichsten aller Wanderhütten nicht kennen lernen.

Wanderwege führen von Gräfenhausen, Rinnthal, Sarnstall oder Annweiler auf die Hütte hinauf, aber es ist kein Hexenspiel sie zu erreichen. Der wohl moderateste Weg führt von Annweiler zum Schützenhaus und Turnerheim, Aufstieg an der Jet-Tankstelle, Richtung Rinnthal. Auf dem Wanderparkplatz das Auto abstellen und dann immer der „8" nach, quer auf schmalem Weg durch Buchen- und Kastanienwälder - aber aufpassen: die Beschilderung ist manchmal dürftig. Käschde-Liebhaber kommen hier im Herbst voll auf ihre Kosten,übergross ist die Ernte. Eine kleine Rast sollte man am 410 m hoch gelegenen Krappenfelsen einlegen - grandios ist der Blick auf die Reichsfeste Trifels und den rechts danebenliegenden, beeindruckenden Asselstein.

Einige Zeit später wird eine gefasste Quelle erreicht, die namentlich dem PWV-Gründungsmitglied Heinrich Holder gewidmet ist.

"Ich möchte nicht im Tal verderben,
den letzten Blick beengt von Zwang -
auf einem Berge möcht' ich sterben,
beim letzten Sonnenuntergang."

Prophetische Worte von Holder, den das Schicksal einholte und der gerade 32-jährig bei einem Bergabsturz 1908 in der Schweiz ums Leben kam. Seine letzte Ruhestätte fand er auf dem Annweiler Friedhof.

Jetzt geht es auf ebenem Weg weiter und schon bald ist die Berghütte erreicht. Tritt man über die Schwelle, beschlagen erst einmal die Brillengläser. Der gerade mal 35 qm grosse Gastraum ist erfüllt von Dunst und Wärme - und von Lärm, denn überaus beliebt und und stark besucht ist dieses kleine Hüttchen. Herzstück ist der grosse Kachelofen mit umlaufender Stange, an der so manches durchgeschwitzte Hemd zum Trocknen hängt. Eng, niedrig und einfach saugemütlich ist die Stube mit ihrem Holzfußboden, der dunklen, hohen Holzverkleidung und den rot-weiß-karierten Gardinen. Vier grosse Tische, Doppelsitzbänke nach bayr. Wirtshaustradition, Bänke an den Wänden, ein kleiner Tisch unter dem Rundbogen - und aus. Bis zu 45 Personen können hier schön eng beieinander sitzen. Quetschen Sie sich einfach dazu; eine Chance auf mehr Platz können Sie höchstens im OG erwarten - aber hier ist man dann meistens alleine. Man schätzt einfach die Nähe, wo man zwangsläufig schnell ins Gespräch kommt. Grössere Gruppen sollten sich allerdings vorher anmelden.

Im Vorraum steht die Getränketheke und hier werden auch die Essensmarken gekauft. Ausser einem Stammessen gibt es Hausmacher aus der Dose, Suppe, Würstchen, weisser Käse, eingelegter Munster (sehr lecker), Fleisch- und Leberknödel, Saumagen. Das Essen holt man sich an der kleinen, offenen Küche ab und da heisst es dann zum zweiten Mal geduldig anstehen. Es versteht sich von selbst, das benutzte Geschirr und die leeren Gläser wieder in die Küche zurück zu tragen und man ordnet auch selber nach Besteck, Tellern und Abfall. Nach Voranmeldung kann in Mehrbettzimmern übernachtet werden, wobei Schlafsack, Hüttenschuhe

und Taschenlampe mitzubringen sind. Wer hier nicht nächtigt, sollte sich in der dunklen Jahreszeit rechtzeitig auf den Weg machen, so schwer es auch fallen mag. Die Trampelpfade sind von der Hütte herunter nur schwer zu erkennen und der Fahrweg ins Tal ist doch recht lang.

Die Balkeninschrift „Oh Wandersport, du meine Lust, wie stärkst du Herz und Lungen" weist auf die Ursprünge der Hütte und des Namens hin. Im Jahr 1920 wurde von dem Landauer Dr. Münich der Jugendpflegeverein „Jung Pfalz" gegründet, aus dem sich später ein Heimat- und Wanderverein entwickelte und der sich hier in Waldeseinsamkeit ein Hüttchen baute. Zunächst nur fürs Vereinsleben gedacht, begann man Mitte der 5o-er Jahre auch fremde Besucher zu bewirten. Heute kann man sich ein Hüttenleben ohne Fremde gar nicht mehr vorstellen - und so sind am Wochenende viele Dialekte aus dem Umland friedlich vereint. Und wenn dann auch noch musiziert wird, besingen alle einheitlich den „Jäger aus Kurpfalz", egal ob Schwoben, Gelbfüßler aus dem Badischen, Hinnerpälzer oder Schlappeflicker aus Pirmasens.

Ich habe noch gar nicht von dem Aufenthalt im Freien gesprochen, dabei ist das auch ein ganz besonderes Vergnügen. Der Blick rundum ist wunderschön und unter den 160 Sitzplätzen findet Jedermann seine Lieblingsstelle. Gemütlich ist es auch in der Blockhütte am Spielplatz, die weitere 25 Plätze hergibt. Leider müssen Hundebesitzer ihren Vierbeiner hier draussen lassen, innen bleibt ihrem Liebling der Zutritt verwehrt. Nicht ganz unproblematisch das „Zusammenspiel" zwischen einem angeleinten Hund und herumtobenden Kindern. Also, ich kann da nicht ganz so entspannen ...

Internet	www.jung-pfalz-huette.de
Höhe	464 m
Eigentümer	Jugendpflegeverein Jung Pfalz e.V. Vorsitzender Werner Reich, Tel. 0179 – 770 8065
Öffnungszeiten	Sa 11.00 - 17.00 Uhr So 10.00 - 17.00 Uhr
Geschlossen	In den Sommerferien evtl. nur So geöffnet, Rückfragen beim Vorsitzenden oder Tourismusbüro Annweiler 06346 - 2200 Weihnachten/Silvester/Neujahr bitte erfragen
Veranstaltungen	Bitte erfragen
Sitzplätze	innen 40 + 20, außen 160 + Blockhütte
Übernachtung	ja, Voranmeldung
Spielplatz	ja
Hunde innen erlaubt	nein
Privat anmietbar	nein
Mit PKW erreichbar	nein
Rollstuhlgerecht	nein, da nicht anfahrbar
Andere Wanderhütten in der Nähe	** Kletterhütte Asselstein ** NFH Annweiler
Erreichbarkeit	Von Eußerthal, Annweiler, Gräfenhausen, Rinnthal oder Sarnstall je 1 Std,
Topographische Wanderkarte	Annweiler (fast unerlässlich)

Naturfreunde-haus Annweiler 44

Der Campingplatz hat sich zum Annweiler Naturfreundehaus gesellt, was für Camper und Wohnmobilisten äussert praktisch ist - hat man doch das Gasthaus direkt neben der Tür. Ob den Pensionsgästen der Blick nach rechts und links auf die Zeltstadt gefällt, sei dahin gestellt, aber irgendwie wird es schon ein Auskommen geben.

Annweilers erste Siedlungsspuren lassen sich im 7./8. Jahrhundert finden, der Name geht zurück auf einen Franken namens Anno oder Arno. Heute ist Annweiler ein hübsches Landstädtchen, durchflossen von der Queich, und es konnte trotz starker Kriegszerstörung mit malerischen Winkeln und Gassen seine Idylle bewahren. Im Ort fallen viele rote Sandsteingebäude aus der Zeit bayr. Verwaltung auf. Als Wahrzeichen stehen im Süden der Stadt auf drei Bergen die ruinösen Burgen Anebos und Münz sowie der überwiegend nicht originalgetreu wiederaufgebaute Trifels, ein

Blickfang in 494 m Höhe, 310 m über dem Ort. Nachdem bereits hier ein Ringwall gestanden hatte, errichteten die Salier an dieser Stelle eine Holz- und Steinburg, die unter den Staufern zur stattlichen Reichsburg ausgebaut wurde. Die Bekanntheit ist unter anderem auch damit begründet, dass in ihr der englische König Richard Löwenherz um 1193/94 (belegt sind jedoch nur 3 Wochen) bei Rückkehr von seinem Dritten Kreuzzug gefangen gehalten und erst nach Zahlung eines immensen Lösegeldes in Form von 23 Tonnen Silber wieder freigelassen wurde. Die Geschichte mit dem Sänger Blondel ist rührend, gehört aber ins Reich der Sagen und wird schon von Schloß Dürnstein in der Wachau für sich in Anspruch genommen.

Im späten 11. Jahrhundert als Felsenburg auf dreigespaltenem Bundsandsteinfelsen (dreifacher Fels = Trifels), dem Sonnenberg, erbaut, hatte sie im Hochmittelalter zwei Jahrhunderte lang zwischen 1113 und 1310 den Status einer Reichsburg auf ihr wurden die Reichskleinodien bewahrt. Heute sind Reichsapfel, Krone und Zepter als Kopien in der Burg zu sehen, die Originale lagern in der Schatzkammer der Hofburg in Wien. Sehen aber auch nicht anders aus. Nach Ende der Stauferdynastie wurde der Trifels nach 1310 an wechselnde Territorialherren verpfändet und verlor mit den Jahren an Bedeutung. Ein Brand nach einem Blitzschlag läutete 1602 ihr Ende ein. Zwar diente die Burg im 30-jährigen Krieg noch als Zufluchtsstätte, nach Ausbruch der Pest im Jahr 1635 wurde sie jedoch endgültig verlassen und verfiel im Laufe der nächsten Jahrhunderte zusehens. Heute ist der (oder die?) Trifels eine Touristenattraktion ersten Ranges in der Pfalz und wird jährlich von über 1oo.ooo Gästen aufgesucht. Nur das Hambacher Schloss kann mit der doppelten Besucherzahl trumpfen.

Unterhalb des Trifels, am Sonnenberg, der schon Siedlungsspuren der Kelten und Römer aufweist, befindet sich das Naturfreundehaus Annweiler mit reizvollem Ausblick auf das Städtchen und die Berge auf der gegenüberliegenden Talseite. Das Haus ist mit hellem Holz ansprechend und freundlich eingerichtet und ähnelt in seiner Ausstattung eher einer

gutbürgerlichen Pension als einem Wanderheim. Das zeigt sich auch in der Speisekarte - „Internationales" ist ebenso vertreten wie die Pfälzer Küche. Im Hauptraum, wo sich auch der Ausschank befindet, sind rund 60 Plätze, im kleineren Nebenzimmer, das auch als Frühstückraum genutzt wird, weitere 20. Um „noch mehr" Gäste aufnehmen und Veranstaltungen durchführen zu können, ist vor ein paar Jahren ein eckiger Anbau entstanden, über den des Sängers Höflichkeit schweigt. Seitlich vom Haus eine kleine Aussengastronomie, direkt am Parkplatz, so dass man auf schnellstem Weg vom Autositz in den Gartensitz umsteigen kann.

Nun möge mir das durchaus hübsche und hübsch gelegene Naturfreundehaus verzeihen, dass der überwiegende Teil dieses Berichtes nicht dem Titel des Büchleins gerecht wird, aber zum Einen waren mir die Ausführungen über den Trifels wichtig und zum Anderen: vielleicht versorgt man mich zur nächsten Gelegenheit mit ein wenig mehr Information über die „Hütte", so dass ich auch ein wenig mehr berichten kann........... ?!

Naturfreundehaus Annweiler **44**

Telefon	06346 - 8198 www.naturfreunde-annweiler.de
Höhe	190 m
Eigentümer	Naturfreunde Annweiler Pächterin Carola Rieneck
Öffnungszeiten	Täglich 10.00 - 22.00 Uhr, außer dienstags
Veranstaltungen	** Sonnwendfeier (Termin a.A.) ** Jahreswechsel auf Anfrage
Sitzplätze	innen ca. 160, außen nach Bedarf
Übernachtung	ja
Spielplatz	ja
Hunde innen erlaubt	ja
Privat anmietbar	nein
Mit PKW erreichbar	ja
Rollstuhlgerecht	ja
Andere Wanderhütten in der Nähe	** Kletterhütte Asselstein ** Jungpfalz-Hütte
Erreichbarkeit	Annweiler. Im Ort in den Burgenring dann Victor-von-Scheffel-Strasse. NFH ausgeschildert
Topographische Wanderkarte	Annweiler

Kletterhütte Asselstein

45

"Kletterer sind ein eigenes Völkchen und kennen kein schlechtes Wetter, sagt Traudel Schranz, die seit 1989 Pächterin der behaglichen Kletterhütte am Asselstein ist. In der Tat kann man zu allen Jahreszeiten Seilschaften am Fels beobachten, die sich auf einer der über 30 Routen zum Gipfel begeben. Die Erstbesteigung fand im Jahr 1860 statt. Der Asselstein, ein Felsriff aus Buntsandstein, mit 60 m Höhe und 10 m Breite, liegt unübersehbar an der Fahrstrasse, die sich von Annweiler zur Reichsfeste Trifels schlängelt. Nähere Ausführungen zum Trifels im vorhergehenden Bericht.

Dass die um 1950 durch die Vereinigung Pfälzer Kletterer e.V. erbaute und später erweiterte Hütte ihre Urwüchsigkeit behält, dafür sorgen die Mitglieder des 6 Mann starken Ausschusses unter Vorsitz des jeweiligen Annweiler Bürgermeisters. Dass die Gäste der Hütte nicht nur aus Freunden des Klettersports bestehen, dafür sorgt Frau Wirtin mit dem Führungsstil und der rustikalen Hüttenkost. Klein und übersichtlich sind die beiden Stuben mit den kleinen Fensterchen; die erste nimmt mit der Balkendecke die Fachwerkkonstruktion auf, die zweite ist mit der derben Bretterverkleidung im Stil alter Berghütten einfach urgemütlich.

Als Viermädel-Haus umsorgen die Damen Schranz aus vier Generationen ihre Gäste mit deftigen Leckereien - allem voran natürlich der Hüttenteller -, mit Schlachtpartien und dem alljährlich am 1. Mai stattfindenden Grillfest. Da muss natürlich auch Petrus das Seinige mit dazu tun, denn wenn man bei Regenwetter in die Hütte ausweichen müsste, würde sie aus allen Nähten platzen. Die Fotos an den Wänden zeigen mutige Kletterer in waghalsigen Aktionen - atemberaubende Aufnahmen sind darunter und Bilder von stiller Schönheit. Selbst Hüttenwirtin Traudel grüsst von der Spitze des Asselsteins, der mit knapp 60 m der höchste der Wasgaufelsen ist.

Den herben Charakter der Landschaft hat ein ewig währender Kampf von Wasser und Wind mit dem Felsgestein geprägt. Aus der ursprünglich zusammenhängenden Buntsandsteinplatte haben die klimatischen Einflüsse die Felsen mit ihren geradezu grotesken Formen herausgearbeitet. Auf einer Fläche von 500 qkm finden sich ca. 250 Felsen: mächtige Brocken und freistehende Kletterfelsen in Form von Nadeln, Türmen oder Graten. Die majestätischste Erscheinung ist unbestritten König Asselstein, der sich wie eine gewaltige Mauer zwischen Ebersberg und Rehberg schiebt. Ob die ehemals alemannisch-germanischen Bewohner der Umgebung in dem hoch aufragenden Felsenriff den Thron ihrer hohen Götter, den Asen, sahen, lässt sich nur vermuten. Der ursprüngliche Name Asenstein und das heute noch so bezeichnete Asental in der Nähe lassen diesen Schluss jedoch zu.

Der weit überragende Klotz auf kleiner Erhebung hat bereits 1860 die Pioniere des Klettersports herausgefordert und sein Bann ist bis heute ungebrochen. Im ersten Gipfelbuch, das ich mir dankenswerterweise durchlesen durfte, ist dieses hehre Unterfangen verzeichnet und so mancher heute noch in Klettererkreisen ausgesprochene Name ist dort niedergeschrieben. Im Verein selber wacht der Gipfelbuch-Wart über die Pflege und Archivierung der Gipfelbücher, die von 1904 bis heute lückenlos vorhanden sind. Wenn sich die damaligen Bergsportler mit möglichst auffal-

lenden Attributen, schweren Rucksäcken und derber Lodenbekleidung auf Tour begaben, so bewegen sich die modernen Kletterer heute in superleichter Ausrüstung, Perlonseil, einigen Karabinern und schlanken Sicherungseisen auf sanfter Sohle flink am Fels und Geübte erreichen den Gipfel in weniger als 10 Minuten. War vor einigen Jahren der Klettersport noch eine Männerdomäne und weniger als 10% der Bergathleten weiblichen Geschlechts, so hat sich dieses Bild zwischenzeitlich gewandelt und kletternde Mädels sind allerorten anzutreffen.

Etliche Monate im Jahr ist auch der Asselstein teilweise wegen der dort nistenden Wanderfalken gesperrt. Durch diese Initiative haben wir heute in der Region wieder 15 Paare der seltenen und scheuen Vögel. Wenn Sie also den Fels vernetzt und verhüllt sehen, so war nicht etwa ein Christo-Nachfolger am Werk, sondern die Naturschützer in Zusammenarbeit mit der Klettervereinigung. Und wenn zur Weihnachtszeit hoch oben auf dem Gipfel ein Tannenbaum ins Tal grüsst, so haben wir diesen schönen Anblick auch den Klettermaxen zu verdanken.

"Kletterer sind ein eigenes Völkchen und kennen kein Alter", sagt der Aktive Fritz Knurr aus Annweiler, mit dem ich mich vor einigen Jahen ausführlich unterhalten habe und der mir zu vielen Einzelheiten verholfen hat. Der älteste Sportler sei noch mit 74 Jahren auf den Asselstein geklettert und die Jüngsten würden schon im Rucksack von den Eltern mit hochgenommen.

Kletterhütte Asselstein 45

Telefon	06346 - 8825
Höhe	360 m
Eigentümer	Stadt Annweiler und Vereinigung Pfälzer Kletterer e. V. Pächterin Traudel Schranz
Öffnungszeiten	Di - So 10.00 - 19.00
Geschlossen	Montags, November - März auch Dienstags. Januar Betriebsruhe
Veranstaltungen	** 1. Mai Grillfest ** Februar-Mai + Sept.-Dezember alle 14 Tage Schlachtpartie
Sitzplätze	innen 70, außen 100
Übernachtung	nein
Spielplatz	ja
Hunde innen erlaubt	ja
Privat anmietbar	nein
Mit PKW erreichbar	ja
Rollstuhlgerecht	ja
Andere Wanderhütten in der Nähe	** Jung-Pfalz-Hütte ** NFH Annweiler
Topographische Wanderkarte	Annweiler und Umgebung

Kolpinghütte 46

Was verbindet Michael Schumacher, den Meister der heißen Reifen, mit Gesellenvater Adolph Kolping ? Richtig: der ehemals gemeinsame Wohnort Kerpen bei Köln. Steht das Elternhaus von Schumi ausserhalb, findet man das Wohnhaus von Kolping im alten Ortskern, in der Obermühle 21. Hier kam Adolph Kolping am 8.12.1813 als viertes Kind eines Schäfers in einer armen, aber frommen Familie zur Welt. War es seinerzeit ein erdgeschossiges Lehm-Fachwerkhäuschen, so ist das immer noch putzige Anwesen heute aufgestockt und mit Backsteinen verklinkert. Im Besitz des Kolpingwerkes, wird es zusammen mit dem im ehemaligen Stall untergebrachten Museum verwaltet. Besuch nach Voranmeldung unter 02237 - 3728.

Adolph Kolping erlernte zunächst das Schumacher-Handwerk und wanderte von Ort zu Ort. Mit 24 Jahren absolvierte er das Marzellengymnasium in Köln und begann zunächst in München, später dann in Bonn sein Philosophie- und Theologiestudium. Im April 1845 empfing Kolping in der im 13. Jh. erbauten Kölner Minoritenkirche die Priesterweihe - hier wurde er auch 1865 im Kirchenschiff bestattet. Sein Betätigungsfeld fand er zunächst in Wuppertal-Elberfeld, wo er sich für die fahrenden Handwerksgesellen einsetzte, die durch Einführung der

Gewerbefreiheit und aufkommende Industrialisierung in wirtschaftliche Not geraten waren.

Der Kolpingverein betreut heute in 256 Ländern weltweit seine Mitglieder und man kümmert sich im Sinne des Begründers nach wie vor um soziale Belange im Ausbildungsbereich, unterstützt bedürftige Kriegs Familien, fördert die Schulpflicht in Afrika, setzt sich für brasilianische Strassenkinder ein - und vieles mehr. Eine komplette Aufzählung der Leistungen wäre hier fehl am Platz, aber man kann sich über das Internet informieren.

In gleicher, uneigennütziger Weise haben die Mitglieder der Landauer Kolpingfamilie ab 1978 in vieljähriger Arbeit am alten, hoch über den Dächern von Ranschbach gelegenen Sportplatz eine Hütte erbaut, die in ihrer manchmal sehr widrigen Entstehungsgeschichte zu rühmen ist. Nur zwei Herren waren auch nach Jahren des Ringens mit Anwohnern, Baubehörden und Polizei mit Mut und Überzeugung vom Gelingen des Baues beseelt - und das bei einem Startkapital von DM 16.000,– !

Doch: nach lächerlichen sieben (!) Jahren war das Haus für DM 70.000,– erstellt und schuldenfrei. In der Hütte hängt eine sehr umfangreiche Chronik, die des ausführlichen Studiums lohnt. Erst dann kann man sich ein Bild von den Qualen und Querelen der Bauzeit machen, denn nicht immer war Einigkeit zwischen den Beteiligten. Da wurden oft, sehr oft die Brocken hingeschmissen. Nicht nur böse Wort sind geflogen, sondern auch schon mal die Fensterläden in den angrenzenden Wald. Der Verfasser der Geschichte war ehrlich genug, um auch die unangenehmen Begebenheiten aufzuzählen.

Wie steht es in den Analen geschrieben ?

"Es war bei Gott ein hartes Ringen
auf diesem Waldeshügel hier -
man musste manches Opfer bringen
und Durst gab's mehr als kaltes Bier."

Gelesen und schon vergessen, wenn man als Gast so ganz entspannt in dem gemütlichen, fachwerkverkleideten Raum sitzt und mit seinen Tischnachbarn in weinseligem Gespräch ist. Mächtige Balken vierteln die Decke, die Dekorationen sind stimmig und der schöne, gusseiserne Ofen mit langer Pfeife und Gestänge nach bayr. Geschmack hat seine eigene Geschichte. Alles ist nachzulesen, da machen die Kolpingbrüder und -schwestern kein Geheimnis draus. Die Augen von Adolph Kolping ruhen derweil sanft auf dem Geschehen. Am Ausschank hat man sich schnell entschieden: Würstchen, Käse, Kuchen und aus - aber was soll's ? Leider hat man sich vor einiger Zeit dazu entschieden, keine Hunde mehr in die Hütte zu lassen; zu meinem Leidwesen als Hunde„mutter" gehen unverständlicherweise immer mehr Waldhütten zum Hundeverbot über.

Vor der Tür eine angenehme Terrasse, direkt über dem grossen Bolzplatz, der bei den „Pänz" (hier bleibe ich als Erinnerung an Kolping mal kölsch) mehr als beliebt ist. Die dem Kindesalter entwachsenen Gäste erfreuen sich derweil an dem Blick über die Südliche Weinstrasse. Die Reben wachsen bis ans Haus und die 60 Sitzplätze sind immer zu wenig, egal wie viele Stühle auch zugestellt werden. Sehr hübsch ist auch das Marterl über dem Steintrog, das seinen Weg von Tirol bis hierhin gefunden hat. Wie ?, auch das ist nachzulesen.

	Telefon	06345 - 2833 www.kolping-landau.de
	Höhe	325 m
	Eigentümer	Kolpingfamilie Landau, Vorsitzender K.-H. Estl, Tel. 06341 - 51848
	Öffnungszeiten	So + Fei 10.00 - 19.00 Uhr
	Geschlossen	Fronleichnam, Allerheiligen, 1. Advent bis Ostersonntag
	Sitzplätze	innen 50, außen 60 - 70
	Übernachtung	nein
	Spielplatz	ja
	Hunde innen erlaubt	nein
	Privat anmietbar	nein
P	Mit PKW erreichbar	nein
	Rollstuhlgerecht	nein
	Erreichbarkeit	Ranschbach (Südliche Weinstrasse), Ortsmitte in Kaltenbrunnstrasse, von dort aus bis Parkplatz beschildert.
	Topographische Wanderkarte	Landau/Edenkoben/Neustadt

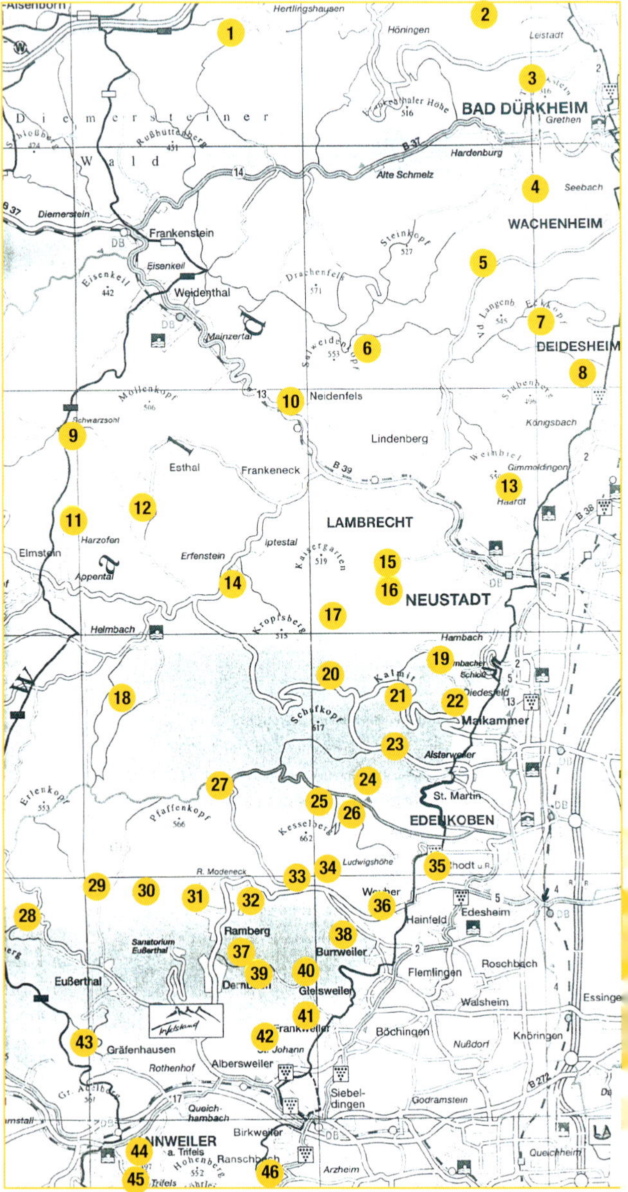

Hertlingshausen
Höningen
Leistadt
BAD DÜRKHEIM
Grethen
Diemersteiner
Wald
Rußhüttenberg
Schloßberg
B 37
Hardenburg
Alte Schmelz
Seebach
WACHENHEIM
Diemerstein
Frankenstein
Eisenkeil
Weidenthal
Steinkopf
Drachenfels
Mainzertal
Eckkopf
DEIDESHEIM
Mollenkopf
Neidenfels
Schwarzsohl
Stabenberg
Königsbach
Lindenberg
Esthal
Frankeneck
B 39
Weinbiet
Gimmeldingen
Haardt
LAMBRECHT
B 38
Harzofen
Elmstein
Iptestal
Erfenstein
Kaisergarten
Appental
NEUSTADT
Helmbach
Kropfsberg
Hambach
Kalmit
Diedesfeld
Maikammer
Schafkopf
Alsterweiler
St. Martin
Erlenkopf
Pfaffenkopf
EDENKOBEN
Kesselberg
Ludwigshöhe
R. Modeneck
Hainfeld
Edesheim
Ramberg
Sanatorium Eußerthal
Burrweiler
Flemlingen
Roschbach
Eußerthal
Gleisweiler
Walsheim
Böchingen
Nußdorf
Knöringen
Gräfenhausen
Rothenhof
Albersweiler
Siebeldingen
Godramstein
B 272
Quelchhambach
Birkweiler
a. Trifels
Hohenberg
Ranschbach
Queichheim
Arzheim
Trifels

1 Rahnenhof

2 Weisenheimer Hütte

3 Hütte in der Weilach

4 Grosses Eppental

5 Oppauer Haus

6 Lambertskreuz-Hütte

7 Eckkopf-Hütte

8 Waldschenke Mühltal (Deidesheimer Hütte)

9 Wanderstützpunkt Schwarzsohl

10 Lichtenstein-Hütte

11 Elmsteiner Naturfreundehaus

12 Wolfsschlucht-Hütte

13 Weinbiet-Haus

14 Burg Spangenberg

15 Heidenbrunner Tal

16 Kaltenbrunner Haus

17 Hellerplatz-Haus

18 Hohe Loog-Haus

19 Naturfreundehaus im Kohlbachtal

20 Totenkopf-Hütte

21 Kalmit Haus

22 Zeter Berghaus (Klausental-Hütte)

23 Rasthaus an den Fichten

24 Friedensdenkmal

25 Naturfreundehaus Sauermilchtälchen

26 Hüttenbrunnen

27 Forsthaus Heldenstein

28 Siebeldinger Hütte (Geldmünz)

29 Walsheimer Hütte

30 Böchinger Hütte (Pottaschtal-Hütte)

31 Ramburg-Schenke

32 Waldhaus 3 Buchen

33 Amicitia-Hütte

34 Nello-Hütte

35 Rietania-Hütte

36 Schweizer Haus

37 Landauer Hütte

38 Anna-Hütte

39 Dernbacher Haus

40 Trifelsblick-Hütte

41 Ringelsberg-Hütte

42 Kiesbuckel

43 Jungpfalz-Hütte

44 Naturfreundehaus Annweiler

45 Kletterhütte Asselstein

46 Kolping-Hütte

In unserem Verlag sind außerdem erschienen:

ISBN 3-937329-06-4
Preis 9,80

In unserem Verlag sind außerdem erschienen:

ISBN 3-937329-17-x
Preis 9,80

In unserem Verlag sind außerdem erschienen:

ISBN 3-937329-18-8
Preis 9,80